# Mensajes de Maitreya el Cristo

## Ciento Cuarenta Mensajes

*La pintura reproducida en la portada, pintada por Benjamin Creme en 1974, representa '**El Diamante Flamígero**', el Gran Cetro de Iniciación, utilizado en la tercera y más elevadas iniciaciones por Sanat Kumara, el Señor del Mundo, en Shamballa. Cargado en cada Período del Mundo del Sol Central Espiritual, enfoca el Fuego Eléctrico a través de los centros del Iniciado. Existe un 'Cetro Menor' utilizado por el Cristo en las primeras dos Iniciaciones.*

# Prólogo

Conscientemente o no, el mundo está preparado para reconocer al Cristo. Su reaparición tan esperada y deseada es ahora un hecho consumado.

El 19 de julio de 1977, el Cristo, Maitreya, el Instructor del Mundo, Guía de nuestra Jerarquía Espiritual, emergió de Su antiguo retiro y se encuentra ahora en el mundo moderno. Con Sus Discípulos, los Maestros de Sabiduría, inaugurará la Nueva Era de Síntesis y Fraternidad.

Benjamin Creme, artista y esoterista británico, explica: "A principios de septiembre de 1977, se me llevó delante de Maitreya que preguntó si yo transmitiría, públicamente, comunicaciones Suyas que, desde 1974, yo había recibido en la intimidad del grupo con el cual trabajo. Respondí que intentaría hacerlo lo mejor posible. El 6 de septiembre de 1977 fue dado el primer Mensaje público en Friends House, Euston Road, en Londres, de forma experimental para ver cómo soportaría esta clase de adumbramiento[1] mental y telepatía espiritual en público, algo muy diferente de la intimidad del propio grupo de uno.

"Los Mensajes son transmitidos por mí al público. No hay involucrados ni trance ni mediumnidad, y la voz sigue siendo la mía, más potente y alterada en el timbre por la energía del adumbramiento de Maitreya. Son transmitidos simultáneamente en todos los planos astrales y mentales, mientras que yo proporciono las vibraciones básicas etérico-físicas necesarias para que esto se lleve a cabo. Desde esos planos sutiles, los Mensajes impresionan las mentes y los corazones de innumerables personas que cada vez más se hacen conscientes de los pensamientos y de la Presencia del Cristo. Se está construyendo una gran forma mental en los planos internos, dando cuerpo al hecho de la Presencia del Cristo. Esta forma mental es entonces sintonizada por los sensi-

---

1    Adumbramiento, en sentido espiritual, es el método por el cual una conciencia mayor trabaja a través de una que tiene un nivel de desarrollo algo menor, trayendo esta conciencia hasta la humanidad.

tivos, los clarividentes y los médiums del mundo que, a partir de este momento, de forma creciente presentan (de una forma más o menos distorsionada) la información del regreso del Cristo. De esta manera El da al público fragmentos de Su Enseñanza, para preparar el clima de esperanza y de expectación que Le asegurará ser aceptado y seguido rápida y alegremente.

"Es una enorme y embarazosa pretensión tener que decir que el Cristo está dando mensajes a través de uno mismo. Pero si la gente llegara a desprenderse de la idea del Cristo como una especie de espíritu sentado en los 'cielos' a la derecha del Padre; si pudieran comenzar a verle en realidad tal como es Él, un hombre real y viviente (aunque un Hombre Divino) que nunca ha abandonado el mundo; que descendió no de los 'cielos', sino de su antiguo retiro en los Himalayas, para completar la labor que Él comenzó en Palestina; como un gran Maestro, un Adepto y Yogui; como actor principal en la historia del evangelio que es esencialmente verdadera, pero más simple de como hasta ahora se ha presentado – si las personas pudieran aceptar esta posibilidad, entonces la reivindicación de que yo recibo comunicaciones telepáticas de ese Ser mucho más cercano y conocido, sería quizá más aceptable. De todos modos, dejo al estudio de la calidad de los Mensajes para que estos convenzan o no. Para muchas personas, las energías que fluyen durante el adumbramiento convencen. Muchos de los que vienen a las reuniones donde son dados estos Mensajes son clarividentes de diferentes grados, y su visión del adumbramiento cuando tiene lugar es para ellos la prueba más convincente de todas."

La anterior declaración se ha extraído del prólogo de *La Reaparición del Cristo y los Maestro de Sabiduría* de Benjamin Creme (Tara Press, 1980).

A través de estas comunicaciones, Maitreya, el Cristo, sugiere las líneas que deben tomar los cambios sociales. Da indicaciones de cómo puede ser reconocido, y exhorta a Sus oyentes a dar a conocer el hecho de Su Presencia. Evoca también el deseo de compartir y de servir a la humanidad y a Él mismo.

Es interesante observar cómo Él siempre vuelve sobre Sus temas una y otra vez, presentándolos de formas diferentes y con creciente énfasis. También es interesante ver cómo cada diez Mensajes (Nº 10, 20, 30, etc.) se destacan de los demás; cómo en éstos Se describe a Sí mismo en términos abstractos como la encarnación de las Cualidades Divinas en vez de como un hombre sencillo, el hermano y amigo de la humanidad, que Él se esmera en enfatizar en otras partes.

Se recomienda a los lectores que tomen un mensaje cada vez y lo lean en voz alta. De esta manera, la cualidad rítmica (mántrica) de cada Mensaje puede percibirse mejor.

Es casi imposible decir estos mensajes en voz alta, con atención, sin invocar las energías del Cristo, Su respuesta de corazón. Estos mensajes son aparentemente simples, enviados de corazón a corazón, pero actúan en planos diferentes y debería meditarse sobre ellos para poder percibir su sentido verdadero. Algunas personas prefieren seleccionar un Mensaje por día y meditar sobre él.

Muchos, solos y en grupos, utilizan en su meditación las cintas de audio en que han sido grabados estos Mensajes. Las energías del Cristo, magnetizadas en la cinta cuando el Mensaje es dado, son liberadas de nuevo en cada escucha, mejorando de este modo la calidad de la meditación.

BENJAMIN CREME

*Nota del Editor (Junio 1982): Según nuestro conocimiento, el Nº 140 es el último Mensaje que será dado por el Cristo antes de Su declaración.*

# Mensaje Nº 1



Mis queridos amigos, queda poco tiempo hasta que veáis Mi rostro. Cuando llegue ese momento, tomaré vuestras manos en las mías y os conduciré hasta Aquel a Quien juntos servimos.

Mi Manifestación está completa y realizada.
Yo estoy, verdaderamente, en el mundo.

Pronto Me conoceréis; puede que Me sigáis y Me améis.
Mi Amor fluye siempre a través de todos vosotros.
Y Este Amor, que Yo tengo por toda la humanidad, Me ha traído hasta aquí.

Mis hermanos y hermanas, Mi Regreso al mundo es la señal de que la Nueva Era, como vosotros la llamáis, ha comenzado.

En este tiempo venidero, os mostraré tales bellezas y maravillas que sobrepasan vuestra imaginación, pero que son vuestro derecho de nacimiento como hijos de Dios.

Mis niños, Mis amigos, quizá he vuelto más rápidamente de lo que esperabais.
Pero hay mucho por hacer, mucho que necesita cambiarse en el mundo.
Muchos pasan hambre y mueren, muchos sufren innecesariamente.

Yo vengo para cambiar todo esto; para mostraros el camino a seguir – hacia una vida más simple, más sana, más feliz – juntos.
Ya no más hombre contra hombre, nación contra nación, sino que juntos, como hermanos, avanzaremos hacia la Tierra Nueva.
Y aquellos que estén preparados verán el rostro del Padre.

Que el Divino Amor, la Luz y el Poder del Único Dios se manifiesten ahora en vuestros corazones y en vuestras mentes.
Que esta Luz y Amor y Poder os guíen en la búsqueda de Aquello que mora siempre en el centro de vuestro corazón.
Hallad Esto y manifestadlo.

# Mensaje Nº 2

*15 de Septiembre de 1977*

Buenas noches, Mis queridos amigos.

Aprovecho, de nuevo, esta oportunidad para hablaros y para establecer firmemente en vuestras mentes las razones de Mi Regreso.

Hay muchas razones por las cuales debo descender y aparecer de nuevo entre vosotros. Principalmente son las siguientes:

Mis Hermanos, los Maestros de Sabiduría, tienen planeado realizar Su Regreso en grupo al mundo cotidiano.

Como Su Guía, Yo, como uno de Ellos, hago lo mismo.

Muchos hay, por todo el mundo, que Me llaman, que suplican Mi Regreso. Yo respondo a sus peticiones.

Muchos más sufren hambre y perecen innecesariamente, por carecer de alimentos que yacen pudriéndose en los almacenes del mundo.

Muchos necesitan Mi ayuda de otras maneras:

como Instructor, Protector; como Amigo y Guía.

Es de todas estas maneras que Yo vengo.

Para guiar a los hombres, si ellos Me aceptan, hacia el Nuevo Tiempo, la Tierra Nueva, el glorioso futuro que le espera a la humanidad en esta Era venidera,

por todo esto Yo vengo.

Vengo, también, para mostraros el camino hacia Dios, el regreso a vuestro Origen; para mostraros que el Camino hacia Dios es un sendero sencillo, que todos los hombres pueden hollar; para guiaros hacia lo alto, dentro de la luz de esa Nueva Verdad que es la Revelación que Yo traigo.

Por todo esto Yo vengo.

Dejadme llevaros de la mano y guiaros hacia esa tierra que llama,
para mostraros las maravillas, las glorias de Dios, que son vuestras para contemplar.


La vanguardia de Mis Maestros de Sabiduría se halla ahora entre vosotros.
Pronto Los conoceréis.
Ayudadles en Su trabajo.
Sabed, también, que Ellos están construyendo la Nueva Era, a través de vosotros.
Dejadles conduciros y guiaros, mostraros el camino; y haciendo esto, habréis servido bien a vuestros hermanos y hermanas.


Tened valor, amigos Míos.
Todo irá bien.
Todas las cosas irán bien.


Buenas noches, Mis queridos amigos.


Que la Luz, el Amor y el Poder Divinos del Único Dios, se manifiesten ahora en vuestros corazones y en vuestras mentes.
Que esta manifestación os lleve a buscar Aquello que mora siempre dentro de vosotros.


Hallad Esto, y conoced a Dios.

# Mensaje Nº 3

*22 de Septiembre de 1977*

Buenas noches, Mis queridos amigos.

Estoy feliz de poder hablaros una vez más, y deciros que vengo para llevaros conmigo a la Tierra Nueva – la Tierra del Amor, la Tierra de la Confianza, de la Belleza y de la Libertad.

Os llevaré allí si podéis seguirme, aceptarme, dejarme conduciros y guiaros.
Y, si es así, construiremos juntos un Mundo Nuevo:

Un mundo donde los hombres puedan vivir sin temor, sin desconfianza, sin división; compartiendo juntos las riquezas de la Tierra, conociendo juntos la felicidad de la unión con nuestro Origen.

Todo esto puede ser vuestro.
Sólo tenéis que dar los primeros pasos y podré conduciros.

Dejadme ayudaros.
Dejadme mostraros el camino – hacia delante, hacia una vida más sencilla donde nadie carezca de nada; donde cada día sea diferente; donde la alegría de la Fraternidad se manifieste a través de todos los hombres.

Mía es la labor de conduciros y guiaros, pero vosotros, voluntariamente, debéis seguirme.
De lo contrario, Yo no puedo hacer nada. Mis manos están sujetas según la Ley.

La decisión depende de la humanidad.

Que la Luz, el Amor y el Poder Divinos del Único Dios, se manifiesten ahora en vuestros corazones y en vuestras mentes.
Que esta manifestación os lleva a buscar y hallar Aquello que mora siempre dentro de vosotros.
Identificaos con Ello y conoced a Dios.

# Mensaje Nº 4

*29 de Septiembre de 1977*

Mis queridos amigos, me alegro verdaderamente de poder hablaros una vez más de esta manera.

Muchos esperan Mi Venida con reverencia y también con cierto temor.
Esto es inevitable.

Mi Venida significará el final del antiguo orden de las cosas.
Todo lo que sea inútil, que ya no sirva a los propósitos del hombre, puede ahora ser descartado.

Esto hará que muchos se lamenten, pero así debe ser.

Mis amigos, Mis niños, estoy aquí para mostraros que existe para el hombre el más maravilloso futuro.
Revestido con todos los colores del arco iris, brillando con la Luz de Dios, el hombre, un día, se mantendrá erguido en Su divinidad.
Esto os lo prometo.

Yo soy un Hombre sencillo, y con sencillez os presento Mi Petición:
Confiad en Mí, seguidme, dejadme guiaros hacia el tiempo futuro, teniendo como base el Amor,
teniendo como base el Compartir,
teniendo como base la Fraternidad.

Dejadme mostraros el camino hacia ese estado de interdependencia sencilla, de justicia, de alineamiento correcto con vuestro Origen y vuestros hermanos.

Muchos Me prestarán atención, pero no todos.
A pesar de todo, Mi Ejército de Luz triunfará con seguridad.


Muchos pronto Me verán y no Me conocerán.
Muchos pronto Me verán y Me reconocerán.
Ellos son Mi gente.
Sed uno de ellos.


Mi corazón rebosa de Amor por todos vosotros.


Que la Luz, el Amor y el Poder Divinos del Único Dios, se manifiesten ahora en vuestros corazones y en vuestras mentes.
Que esta manifestación os lleve a buscar y conocer a ese Ser que es Dios.

# Mensaje Nº 5

*4 de Octubre de 1977*

Buenas noches, Mis queridos amigos.

Me alegro mucho de tener esta nueva oportunidad de hablaros de esta manera.

Mi objetivo es dar a conocer Mi Presencia en el mundo lo más pronto posible, y así comenzar Mi Trabajo a plena luz del día.

Esto va a significar un arduo trabajo por parte de aquellos que ahora aceptan que Yo estoy entre vosotros.

Dad a conocer a todos que Yo estoy aquí, y allanad Mi sendero.

Mi plan es dar al mundo cierta Enseñanza, que mostrará a los hombres que existe una nueva forma de ver la vida, un nuevo camino a seguir hacia el futuro.

Que estéis vosotros entre los primeros en reconocerme, y a través de vosotros Yo pueda trabajar.

Tomad sobre vosotros mismos esta labor.

No habrá otra más grande que podáis hacer en esta vida.

Comprometeos en este trabajo y servid a vuestros hermanos.

Deseo que el mundo conozca Mi Presencia, Me acepte rápidamente, y, espero, siga Mi iniciativa.

Estoy seguro que vosotros no Me vais a fallar.

Estoy seguro que no vais a rechazar este privilegio, este don de servir, sino que lo tomaréis voluntariamente sobre vuestros hombros, para aligerar el peso de Mi Labor.

Mis Bendiciones están con todos vosotros.

Que la Luz, el Amor y el Poder Divinos del Único Dios, se manifiesten ahora en vuestros corazones y en vuestras mentes.

Que esta manifestación os lleve a conocer que Dios mora siempre
dentro de vosotros.

Hallad Esto y manifestadlo.

# Mensaje Nº 6
*11 de Octubre de 1977*

Buenas noches, Mis queridos amigos.
Una vez más, tengo el placer de hablaros de esta manera.


Muy poco tiempo ahora Me separa de vosotros, en plena visión.
La humanidad Me verá muy pronto.


Y, si ellos Me siguen, les conduciré hacia el futuro que les aguarda:
un futuro bañado por la luz de la Verdad, de la Armonía y del Amor.


Amigos Míos, os pediré que Me ayudéis, que asumáis sobre vosotros mismos una parte de esta carga de preparación.
Si podéis aceptar que estoy aquí, hacedlo saber allí donde encontréis un oído atento.


Puede ser que Me veáis sin conocerme.
Puede ser que toméis el otro camino.


Pero, si es así, perderéis un tesoro que es poco probable que lo podáis edificar en un millar de vidas.


Haced que vuestra labor sea decir a los hombres que Yo estoy aquí, que estoy trabajando para ellos, para su futuro, para el futuro de todos los hombres y todas las cosas de este mundo.


Dad a conocer Mi Presencia entre vosotros, y liberaos de todo lo inútil del pasado.

Dad a conocer Mi Presencia, y estad seguros que Mi Amor fluirá a través de vosotros y alumbrará un sendero ante vosotros para vuestros hermanos y hermanas.
Haced este trabajo, y ayudadles a ellos y a Mí.


Mi labor acaba de comenzar.
Cuando haya terminado, recordaré este momento como uno de Luz bondadosa en los corazones de aquellos que trataron de servir a sus hermanos.
Que seáis uno de ellos.


Mi sincero Amor fluye hacia todos vosotros.


Que la Luz, el Amor y el Poder Divinos del Único Dios, se manifiesten ahora en vuestros corazones y en vuestras mentes.
Que esta manifestación os lleve a buscar Aquello que se encuentra oculto, pero siempre listo para brillar.
Hallad Eso y conoced a Dios.

# Mensaje Nº 7

*20 de Octubre de 1977*

Buenas noches, Mis queridos amigos.

Estoy verdaderamente feliz de hablaros una vez más de esta manera.

Mi Plan se está cumpliendo, pero va a suponer el mayor servicio y sacrificio por parte de aquellos de entre vosotros que aceptan que Yo estoy en el mundo.

Si podéis dar a conocer este hecho a una escala suficientemente grande, no pasará mucho tiempo realmente hasta que el mundo conozca Mi rostro.

Mi objetivo es acortar aún más este tiempo, pero una temprana declaración de Mi Presencia depende de vosotros, depende de vuestra voluntad de servir.

Convertíos en Mi gente y haced este trabajo por Mí.
Convertíos en Mis amigos y servid a vuestros hermanos.
Convertíos en Mis niños y conoced a Dios.

No es labor fácil la que os doy, porque los hombres están ciegos. Pero cuando la humanidad sepa que estoy aquí, estoy seguro que responderá desde su corazón, y Me dejará que guíe.

Mi gente está en todas partes.
Uníos a ellos.
Convertíos en uno de ellos.
Haced de esta vida un logro supremo, y formad parte del Gran Plan.

Os pido que hagáis esto porque habéis venido al mundo para esto. Estáis aquí, no por azar, sino para servir en este momento a vuestros hermanos y hermanas.

Aprovechad entonces esta oportunidad, que se os presenta con amor.

Mis Bendiciones están con todos vosotros.

Que la Luz, el Amor y el Poder Divinos del Único Dios, se manifiesten ahora en vuestros corazones y en vuestras mentes.

Que esta manifestación os lleve a conocer que Dios mora siempre dentro de vosotros. Buscad dentro, y manifestadlo.

# Mensaje Nº 8
*27 de Octubre de 1977*

Una vez más tengo el placer de hablaros de esta manera.

Mi intención es revelarme en poco tiempo, difundir Mi Enseñanza en el mundo a través de Mi gente, aquellos que Me conocen, que Me aman, y a través de quienes Yo trabajo.

Esta es la primera fase de Mi Plan.
Luego Me manifestaré en persona, sea o no conocido o reconocido. Cuando el mundo esté preparado para recibirme, hablaré a los hombres en todas partes como Aquel que es esperado, Aquel a quien han llamado, Aquel que viene para guiarlos en la Nueva Era.

Mi Misión acaba de comenzar, pero, ya, existen las señales de respuesta, de reconocimiento de que Mi Advenimiento está próximo. Hay muchos ahora, por todo el mundo, que sienten Mi Presencia, que están abiertos y preparados para Mi Enseñanza.

Cuando Me dé a conocer, expresaré la esperanza de toda la humanidad para una nueva vida, un nuevo comienzo, un deseo de cambiar de dirección; de ver la construcción de un Nuevo Mundo donde los hombres puedan vivir en paz; donde puedan vivir libres del temor de sí mismos o de sus hermanos; libres para crear desde la alegría en sus corazones; libres para ser ellos mismos, con toda honestidad.

Mi labor acaba de comenzar, pero incluso ahora existe en el corazón de los hombres una nueva luz, una nueva esperanza, el sentimiento de un nuevo comienzo; una comprensión de que el hombre no está solo, de que el Protector de Todo ha enviado a Su Agente. Eso es lo que Yo soy.

Que Sus Bendiciones estén con todos vosotros.

Que la Luz, el Amor y el Poder Divinos del Único Dios, Protector de Todo, se manifiesten ahora en vuestros corazones y en vuestras mentes.
Que esta manifestación os lleve a saber que nunca estáis sin la cercana Presencia y Guía de Dios.

# Mensaje Nº 9

*3 de Noviembre de 1977*

Buenas noches, Mis queridos amigos.

Estoy feliz de estar otra vez con vosotros de esta manera, y de deciros que Mi Regreso en plena visión no se retrasará mucho.

Conozco muy bien los problemas que acosan a la humanidad.
Conozco muy bien los cambios que son necesarios.
Pero veo también en el hombre el deseo de conocer, de elevar su conciencia, y de ver a través de las nubes.

Esta necesidad de conocer es el más grande don del hombre.
Cuando los hombres conozcan el Camino hacia Dios, este don florecerá en una magnificencia creativa.

Mi propósito de esta noche es deciros que Mis Maestros ya se encuentran con vosotros, guiando y magnetizando el trabajo de Sus grupos.
Puede ser que vosotros mismos encontréis pronto este estímulo, lo reconozcáis por lo que es, y os esforcéis por ayudar al Plan.

Mi Ejército de Luz está reunido, preparado.
Las banderas ondean, los ojos se alzan hacia lo alto, marchan hacia el futuro, hacia la luz que llama, y en esa luz, verán Luz.

Muchos dudan de Mi Presencia.
Esto es natural; los hombres están ciegos.
Pero pronto será innegable.
Mis esfuerzos mostrarán a los hombres que la rueda gira, que pronto el Nuevo Tiempo, el Nuevo Mundo, habrá comenzado.
Que podáis vosotros compartir este trabajo.

Mis Bendiciones están con todos vosotros.

Que la Luz, el Amor y el Poder Divinos del Único y Santísimo Dios se manifiesten ahora en vuestros corazones y en vuestras mentes.

Que esta manifestación os lleve a buscar y encontrar Aquello que mora siempre dentro vosotros.

Conocedlo como el Ser, y manifestadlo.

# Mensaje Nº 10
*8 de Noviembre de 1977*

Una vez más estoy entre vosotros, Mis queridos Amigos.


Vengo para deciros que vais a verme muy pronto, cada uno a su manera.
Aquellos que Me buscan con los atributos de Mi Amado Discípulo, el Maestro Jesús, encontrarán en Mí Sus cualidades.
Aquellos que Me buscan como un Instructor están más cerca de la realidad, porque eso es lo que soy.
Aquellos que buscan señales las encontrarán, pero Mi método de manifestación es más sencillo.


Nada os separa de Mí, y pronto muchos tomarán conciencia de ello.
Yo estoy con vosotros y en vosotros.
Yo busco expresar aquello que soy a través de vosotros;
por esto vengo.


Muchos Me seguirán y Me verán como a su Guía.
Muchos no Me conocerán.
Mi propósito es entrar en la vida de todos los hombres y, a través de ellos, cambiar esa vida.
Estad preparados para verme pronto.
Estad preparados para escuchar Mis palabras,
para seguir Mis pensamientos,
para prestar atención a Mi Petición.


Yo soy el Extraño en la Puerta.
Yo soy Aquel que llama.
Yo soy Aquel que no se irá.

Yo soy vuestro Amigo.
Yo soy vuestra Esperanza.
Yo soy vuestro Escudo.
Yo soy vuestro Amor.
Yo soy Todo en Todo.

Llevadme a vuestro interior, y dejadme trabajar a través de vosotros.
Haced de Mí una parte de vosotros mismos, y mostradme al mundo.
Dejad que Me manifieste a través de vosotros, y conoced a Dios.

Que la Luz, el Amor y el Poder Divinos del Único y Santísimo Dios se manifiesten ahora en vuestros corazones y en vuestras mentes.
Que esta manifestación os lleve a saber que Dios mora silenciosamente, ahora y para siempre, dentro de todos vosotros.

# Mensaje Nº 11
*5 de Enero de 1978*

Mis queridos amigos, estoy feliz de estar de nuevo con vosotros.

Mi plan consiste en que Mi Enseñanza preceda a Mi Presencia y prepare Mi camino.
Mi gente la difundirá a través de sus grupos y esfuerzo grupal.
Cuando la humanidad esté un poco preparada, Mi voz se escuchará.

Mientras tanto, Mis esfuerzos dan sus frutos, provocan cambio, acercamiento entre los hombres y las naciones, y traen una nueva esperanza al mundo.

Voy a emerger pronto, pero antes indicaré el camino en la nueva dirección que el hombre, si quiere sobrevivir, debe tomar.

En primer lugar, los hombres deben verse como hermanos, hijos del Único Padre.
Esto es esencial si ellos desean adelantar un paso hacia la Divinidad.
En todo el mundo hay hombres, mujeres y niños pequeños que no tienen ni siquiera lo necesario para vivir; ellos se amontonan en las ciudades de muchos de los países más pobres del mundo.
Este crimen Me llena de vergüenza.
Mis hermanos, ¿cómo podéis ver a estas personas morir ante vuestros ojos y haceros llamar hombres?
Mi plan es salvar a estos, Mis pequeños, del hambre segura y de la muerte innecesaria.
Mi plan es mostraros que la solución para salir de vuestros problemas es escuchar una vez más la verdadera voz de Dios dentro de vuestros corazones, compartir los productos de este mundo tan abundante entre vuestros hermanos y hermanas en todas partes.

Necesito vuestra ayuda, recurro a vosotros para que Me ayudéis en Mi Labor.

¿Cómo puedo permanecer aparte y ver esta matanza, ver a Mis pequeños morir?

No, amigos Míos, eso no es posible.

Por eso he venido tan rápidamente entre vosotros una vez más, para mostraros el camino, indicaros el Sendero.

Pero el éxito de Mi Misión depende de vosotros: debéis elegir – entre compartir y aprender a vivir en paz como hombres verdaderos, o perecer totalmente.

Mi corazón Me indica vuestra respuesta, vuestra elección, y se alegra.


Que la Luz, el Amor y el Poder Divinos del Único y Santísimo Dios se infundan ahora en vuestros corazones y en vuestras mentes.

Que esta Luz, Amor y Poder os lleve a buscar Aquello que mora en silencio dentro de vosotros.

Halladlo y sabed que sois Dioses.

# Mensaje Nº 12
*10 de Enero de 1978*

Mis queridos amigos, estoy feliz de estar de nuevo con vosotros, y revelaros Mis pensamientos sobre el problema del hombre.


Actualmente el problema del hombre es, como siempre, de su propia creación; no es inherente al Plan de Dios.

A causa del mal empleo de su divino libre albedrío, el hombre ha puesto su futuro, y el de todos los reinos de la naturaleza, en peligro.

Hoy día muchos están empezando a darse cuenta de esto y están dando los pasos que pueden para evitar la catástrofe.

Esto es bueno.

Pero no todos los hombres ven el peligro creciente que enfrenta la humanidad. El tiempo es realmente corto para la reconstrucción de nuestro mundo en líneas más acordes al verdadero papel y propósito del hombre.

Mi labor es mostraros el camino, delinear sólo las posibilidades, porque el Nuevo Mundo debe ser forjado por el hombre mismo.


Hay muchos hoy en día que admiten la necesidad de cambio, pero aún se resisten a él.

Hay muchos hoy en día que ven el desmoronamiento del viejo y gastado mundo del pasado, pero se adhieren aún a las viejas formas.


Pero hay una nueva voz que se hace escuchar entre las naciones: la voz de la Verdad, que contiene la esperanza, la promesa del Nuevo Tiempo.

Esta voz impresionará cada vez más la mente de los hombres, porque es la voz de Dios, hablando a través de los hombres.


Mis Maestros están con vosotros y os mostrarán el camino; Yo Mismo guiaré.

¿Es posible que renunciéis esta orientación, esta oportunidad de elevaros y progresar?

No, amigos Míos, pienso que no.

Os mostraré que el camino del hombre es el camino de la fraternidad, de estrecha cooperación, y de confianza y servicio mutuos.

Este es el único camino.

Todo lo demás ha fracasado.

Amigos Míos, a menos que el hombre haga esto, el hombre dejará de existir sobre la Tierra.

Yo no estoy amenazando, sino simplemente declaro la verdad.

Queda muy poco tiempo para reequilibrar la balanza de la naturaleza y del mundo.


Haced que vuestra labor principal sea dar a los hombres los recursos para existir con dignidad humana, como hijos de Dios, todos hermanos.

Ceded, en beneficio de todos los hombres, la producción del mundo a las naciones del mundo.

Haced esto hoy como hombres libres, y cosechad mañana la gloria como verdaderos hijos de Dios.


Que la Luz, el Amor y el Poder Divinos del Único y Santísimo Dios se infundan ahora en vuestros corazones y en vuestras mentes.

Que esta Luz, este Amor y este Poder os muestren a vosotros como Dios mismo.

# Mensaje Nº 13
*19 de Enero de 1978*

Mis queridos amigos, estoy muy feliz de estar otra vez con vosotros de esta manera.


Mi Misión se está desarrollando según el plan, y si todo va bien, pronto escucharéis Mi voz.
Mientras tanto, querría decir esto:
la humanidad ha perdido su camino, se ha desviado mucho del sendero que Dios le había preparado.
Hay muchos ahora en el mundo que conocen esto, que buscan y oran, y trabajan hacia la luz; pero muchos más están ciegos y se precipitan hacia el desastre.
Mi plan es detener esta caída precipitada y cambiar su curso.


Mi Presencia, ya, está efectuando cambios en el pensamiento de los hombres, en sus corazones, y les induce a hacerse preguntas.
Mis esfuerzos están resultando efectivos a pesar de las apariencias.
Los hombres se vuelven de nuevo hacia la verdad, hacia las Leyes que son Dios.


Permitidme mostraros el camino en el Nuevo Tiempo; delinear para vosotros las glorias, que, si queréis, pueden ser vuestras.
El hombre está hecho para servir a la vez a Dios y al hombre, y solamente a través de este correcto servicio puede ser hollado el sendero hacia Dios.
Haced que vuestra labor sea tomar sobre vosotros mismos la labor de reorientación, reconstrucción y cambio.


Cada hombre es un faro y esparce su luz para su hermano. Haced brillar vuestra lámpara y dejadla que alumbre y muestre el camino.
Todos son necesarios, cada uno.
Nadie es demasiado pequeño o demasiado joven para formar parte de este Gran Plan para salvar y rehabilitar nuestro mundo.

Decidíos a hacer esto y estad seguros que Mi ayuda no os será negada.

¿Cómo empezar?
Comenzad por consagraros vosotros mismos y todo lo que sois y habéis sido al servicio del mundo, al servicio de vuestros hermanos y hermanas en todas partes.
Aseguraos de que no pase ni un día sin que hayáis realizado algún acto de verdadero servicio y estad seguros de que Mi ayuda será vuestra.
Este, el Sendero del Servicio, es el único sendero de los verdaderos hombres, porque es el sendero que les conduce hacia Dios.

Mi gente se está agrupando a Mi alrededor, respondiendo a Mi Llamada, y están logrando más de lo que podrían saber.
Juntos forjaremos un mundo nuevo y mejor.
Que estéis abiertos y preparados para Mi Llamada cuando esta llegue.

Mi Bendición está con todos vosotros.

Que la Luz, el Amor y el Poder Divinos del Único y Santísimo Dios estén ahora en vuestros corazones y en vuestras mentes.
Que esta Luz, Amor y Poder Divinos os lleven a convertiros en Eso que sois, verdaderos hijos de Dios.

# Mensaje Nº 14

*24 de Enero de 1978*

Una vez más estoy con vosotros, Mis queridos amigos.

Mi Ejército de Luz está en marcha y pronto empezará la gran batalla.

Mi gente está preparando Mi camino y os mostrará Mi Plan.

Mis Maestros de Sabiduría están ahora reuniendo Sus diversos grupos y pronto el mundo sabrá que Yo estoy aquí.

Mi Ejército ha establecido sus planes y pronto se dejarán ver los resultados. Ya han aparecido las señales del cambio, las nubes se están levantando, y una nueva esperanza se apodera de la humanidad.

¿Estaréis entre aquellos que preparan el camino?

¿Tomaréis parte ahora en este Gran Trabajo y satisfaréis las necesidades del mundo?

No hay llamada más elevada que la de servir al mundo.

No hay compromiso mayor que el de servir a tu hermano.

Manteneos firmes en el propósito de vuestro regreso y ayudad a Mi Plan.

Hay muchos que Me oyen y no prestan atención, pero unos pocos Me han escuchado, y con Voluntad y Amor cumplen Mi Labor.

Se está reuniendo ahora un gran ejército de individuos que juntos forman Mi Vanguardia.

Ellos Me conocen, tanto si Me reconocen como si no.

Ellos Me siguen, tanto si se dan cuenta de que estoy aquí o que aún he de llegar.

Ellos Me necesitan como Yo a ellos.

Ellos son Yo, pues Yo estoy en ellos.

Convertíos en uno de aquellos a través de quienes Yo pueda trabajar y revelarme a Mí mismo.

Aceptad este reto y cumplid esta vida.

¿No podéis oír los tambores que os llaman hacia el futuro?
¿Podéis estar sordos a su estruendo?
Haced ahora la elección de servir y crecer, o lamentarse para siempre.


Que la Luz, el Amor y el Poder Divinos del Único y Santísimo Dios se manifiesten ahora en vuestros corazones y en vuestras mentes.
Que esta manifestación os lleve a buscar y descubrir la Gloria de Dios que mora dentro de vosotros.

# Mensaje Nº 15

*31 de Enero de 1978*

Mis queridos amigos, una vez más estoy con vosotros.

Estoy feliz de poder deciros que Mis Planes marchan correctamente y bien.

Mi Vanguardia está preparando a la humanidad y queda ahora muy poco tiempo hasta que Mi rostro sea visible.

Querría que supierais que espero que toda Mi gente, los que Me son fieles, trabajen por Mí, para preparar un poco Mi camino.

Hay muchos ahora que les gustaría saber que Yo estoy aquí. Decírselo.

Decidles que el Hijo del Hombre ha vuelto, que su Hermano Mayor está entre ellos, que la larga espera ha terminado, y que fresco e impaciente de librar batalla ha venido su Amigo y Guía.

Decidles esto, y ofrecedles también, la oportunidad de servir al Plan.

Muchos Me verán pronto y al principio se pueden sorprender por Mi aparición, porque no soy el Predicador de Antaño; sino que he venido sencillamente para señalar el camino, mostrar el sendero que debe ser hollado, de regreso al Origen y hacia la Armonía, Belleza y Justicia.

Mi labor es una sencilla: mostraros el camino.

Vosotros, mis amigos, tenéis la difícil labor de construir un Nuevo Mundo, una Tierra Nueva, una nueva Verdad; pero juntos triunfaremos.

Están ahora entre vosotros aquellos que conocen el Camino, que han andado antes el Sendero, y que pueden guiar y salvar.

Mis Hermanos, los Maestros de Sabiduría, son vuestros Amigos y Guías,

Ellos estarán entre vosotros, os servirán y os inspirarán a grandes obras, actos valientes; y Ellos traen preciosos dones de Sabiduría y Amor para colocar a vuestros pies.

Solamente hay un camino hacia Dios y éste, amigos Míos, ya lo conocéis.
El camino hacia Dios es el camino de la Fraternidad, de la Justicia y del Amor.
No hay otro camino; todos están contenidos en éste.
Muchos encontrarán este Sendero amargo y difícil; pero muchísimos más emprenderán este Sendero con gozo y alegría ante la levedad de su carga, abandonando lo viejo, gastado e inútil, las futilidades del pasado; y entrando en la fraternidad compartida y la alegre comunión con todo lo que es, esa vasta y creciente Compañía heredará su Esencia del Ser.

Que la Luz, el Amor y el Poder Divinos del Único y Santo Dios se manifiesten ahora en vuestros corazones y en vuestras mentes. Que esta manifestación os lleve a saber y conocer que dentro de vosotros mora, ahora y siempre, ese Dios que es vuestro Ser.

# Mensaje Nº 16
*7 de Febrero de 1978*

Mis queridos amigos, estoy feliz de estar de nuevo con vosotros.

Mi plan es revelar a los hombres que no existe para ellos más que dos senderos.
Uno les conducirá inexorablemente hacia la devastación y la muerte.
El otro, amigos Míos, queridos Míos, conducirá a la humanidad directamente hacia Dios; y en la luz de Su Presencia, ellos, si están preparados, verán maravillas y glorias increíbles.

Mi labor es señalar el camino, llevaros fuera de la discordia hacia ese estado bendito de Armonía y Amor que os otorgará ese sueño.
Mi Trabajo prosigue, y pronto, muy pronto ahora, veréis Mi rostro y oiréis Mis palabras.

El período de pruebas comienza.
Mi plan es colocar ante vosotros estas dos alternativas, señalar las posibilidades y las trampas.
La elección es vuestra; vosotros, desde vuestro propio libre albedrío otorgado divinamente, debéis decidir.
Si, como en Mi corazón sé que haréis, os decidís por Dios, Yo os conduciré hacia Él; y juntos colocaremos delante Suyo nuestra vida de servicio a Él y al mundo.
Mucha de Mi gente, ya, así lo hacen.
Es esto lo que les confiere el apelativo de "amados Míos".
Uníos a este grupo de verdaderos servidores del mundo.

Convertíos en Mis trabajadores;
convertíos en Mis compañeros;
convertíos en Mis héroes, y servid al Plan.
Poco tiempo queda para este trabajo de preparación.
Dad ahora los primeros pasos hacia vuestra gloria.

Servid al propósito de vuestro regreso y al Plan de Dios: ellos son uno y lo mismo.

Mis Maestros os enseñarán los primeros pasos para salir del lodazal.

Os enseñarán que puede vivirse una vida más sencilla en completa felicidad y manifiesta divinidad, gracias al Amor y al Servicio de nuestros hermanos.

Este es el Camino de Antaño; es el camino de todos los tiempos; nada cambia realmente con Dios.

Haced ahora vuestra elección: servir a Mi Plan y ver la Luz que os llama hacia el futuro, o tocar para siempre el tañido del remordimiento.


Que la Luz, el Amor y el Poder Divinos del Único y Santísimo Dios se manifiesten ahora en vuestros corazones y en vuestras mentes.

Que esta manifestación os lleve a mirar en vuestro interior y encontrar allí a ese Dios que mora siempre dentro de vosotros.

# Mensaje Nº 17
*14 de Febrero de 1978*

Buenas noches, Mis queridos amigos, estoy feliz de estar con vosotros una vez más de esta manera.


Pronto Mi Aparición será conocida por muchos y Mi Enseñanza habrá comenzado.
La humanidad se enfrentará por Mí a dos líneas de acción;
de su decisión depende el futuro de este mundo.
Le mostraré que la única elección posible es a través del compartir y de la interdependencia mutua. Por estos medios, el hombre llegará a ese estado de conciencia despierta de sí mismo y de su propósito que le conducirá a los pies de Dios.
El otro camino es demasiado terrible de contemplar, porque significaría la aniquilación de toda forma de vida sobre la Tierra.


El hombre tiene el futuro en sus manos.
Consideradlo bien, oh hombres, y si elegís como lo harían los verdaderos hombres, podré guiaros a la Luz de vuestra divina herencia.
Elegid bien, y dejadme guiaros.
Elegid bien, y estad seguros de Mi continuo socorro.
Elegid bien, hermanos Míos, y seréis liberados de todo lo que os mantiene limitados.


Mi Ejército se moviliza, marcha valerosamente hacia el futuro.
Uníos a aquellos que ya luchan del lado de la Luz, del lado de la Verdad, de la Libertad y la Justicia.
Uníos a Mi Vanguardia y mostrad el camino a vuestros hermanos.


Hay muchos que sienten que Yo estoy aquí, mas no lo dicen.
¿Por qué conservar este conocimiento para vosotros mismos, cuando vuestros hermanos claman por luz, por sabiduría y ayuda?
Permitidles a ellos, también, compartir la alegría de la Promesa que Yo os traigo.

Decidles, amigos Míos, que creéis que Maitreya ha venido; que el Señor del Amor está aquí; que el Hijo del Hombre camina otra vez entre Sus hermanos.

Decidles también que pronto será visto Mi rostro, serán oídas Mis palabras; y en la visión y la escucha son examinados y conocidos.

Que la Luz, el Amor y el Poder Divinos del Único y Santísimo Dios se manifiesten ahora en vuestros corazones y en vuestras mentes.

Que esta manifestación os lleve a buscar y hallar ese Origen Divino del cual procedéis.

# Mensaje Nº 18

*23 de Febrero de 1978*

Mis queridos amigos, estoy verdaderamente feliz de estar otra vez con vosotros.

Mi rostro pronto será visto, y Mis palabras oídas.
Cuando Me veáis, sabréis que no habéis esperado en vano.
Sabréis que vuestro Hermano de Antaño ha venido para compartir vuestra vida.

La liberación es la meta para la humanidad.
Hacia esa meta Yo os indicaré el camino, os guiaré hacia adelante, y tallaré ante vosotros los peldaños de la ascensión.

Mis Maestros os mostrarán cómo vivir sencillamente y bien, y en plena felicidad.
Ellos han hollado el sendero antes que vosotros y conocen muy bien el camino.

Como niños plenamente confiados, dejadles que os muestren ese Camino; dejadles que os guíen paso a paso a través del laberinto. Y cuando estéis preparados, ante Mi Esplendor vendréis, y a través de Mí veréis el rostro de Dios.

Haced bien vuestra elección, amigos Míos; hacedla ahora.
Ocupad vuestro lugar entre aquellos que desean compartir y amar, con aquellos para quienes la Justicia es divina.
Haced ahora vuestra elección y dejad que vuestra luz brille y facilite así Mi sendero.

Los hombres esperan Mi Venida pero no saben que ya estoy aquí.
Decidles que Mi Manifestación se ha consumado.
Yo, Maitreya, su Hermano, se encuentra entre ellos.
Esperad Mi Llamada, y actuad.

Decid a los hombres que espero que Me sigan, pero ellos deben decidir.
Ellos deben desear el Sendero que deben recorrer si quieren ver a Dios.


Que la Luz, el Amor y el Poder Divinos del Único y Santísimo Dios se manifiesten ahora en vuestros corazones y en vuestras mentes.
Que esta manifestación os lleve a buscar y hallar esa Alegría y Paz que mora siempre dentro de vosotros.

# Mensaje Nº 19
*28 de Febrero de 1978*

Buenas noches, Mis queridos amigos.

Estoy verdaderamente feliz de estar con vosotros una vez más y deciros que muy pronto emergeré.

El tiempo de Mi Venida ha terminado.

El tiempo de Mi Emerger ha llegado; y pronto, ahora, en plena visión y hecho, Mi rostro y palabras serán conocidos.

Que Me reconozcáis rápidamente, Mis queridos amigos, queridos Míos, y que ayudéis a vuestros hermanos a hacer lo mismo.

Soy vuestro Amigo y Hermano, no un Dios.

Es verdad que Mi Padre Me ha enviado, una vez más, con vosotros; mas vengo a vosotros que sois Mis hermanos, para guiaros y conduciros, si queréis, hacia un futuro bendito.

Mi labor será mostraros que para la humanidad los caminos se separan.

Las señales están colocadas, y de vuestra decisión depende el futuro de esta Tierra.

Estamos aquí juntos, vosotros y Yo, para asegurar que el hombre elige el sendero correcto, el único Camino que puede conducirle a Dios.

Vosotros estáis aquí porque en vuestros corazones estáis respondiendo a Mi Llamada, al hecho de Mi Presencia, lo sepáis o no.

Haced entonces que vuestra labor sea decírselo a los demás, indicar el sencillo camino de la Verdad que llama a la humanidad.

Enseñad a los hombres que compartir es divino; que amar es la naturaleza de Dios; que trabajar juntos es el destino del hombre.

Ocupad vuestro lugar en la única plataforma desde donde la Luz del futuro puede ser vista.

Ocupad vuestro lugar, amigos Míos, juntos, y mostrad el camino.

Muchos de vosotros Me veréis pronto.

Compartid con vuestros hermanos esta alegre expectativa y decidles que Maitreya, su Amigo, su Hermano, su Instructor de Antaño, ha venido.

Haced esto ahora y restableced a los hombres la esperanza que han perdido.

Haced esto ahora y trabajad para Mí.

Trabajad al servicio del mundo y permaneced en la bendición de Mi Amor.


Que la Luz, el Amor y el Poder Divinos del Único y Santísimo Dios se manifiesten ahora en vuestros corazones y en vuestras mentes.

Que esta manifestación os revele que sois, ahora y para siempre, hijos del único Dios viviente.

# Mensaje Nº 20
*7 de Marzo de 1978*

Mis queridos amigos, una vez más estoy con vosotros.

Deseo deciros que Mi Presencia en el mundo pronto será conocida por muchos, Mi rostro será visto y Mi Enseñanza escuchada.

Yo estoy con vosotros de muchas maneras:
Estoy con vosotros como Maitreya, el Guía de Mi Grupo de Maestros.
Estoy con vosotros como la Encarnación de esa Fuerza Divina que llamáis el Principio Crístico.
Estoy con vosotros como vuestro Hermano de Antaño, como el Mayor de nuestra familia.
Estoy con vosotros como Representante de Dios, como el Portavoz de ese Ser Divino de Quien somos sus sueños.
Os llevaré hacia Él cuando estéis preparados, cuando hayáis pasado dos veces a través de las Puertas, y os encontréis ante Mí resplandecientes.

Amigos Míos, estoy con vosotros y en vosotros, y alrededor de vosotros.
Yo soy el Señor del Amor.
Yo soy la Esperanza de la Humanidad.
Yo soy la Fuente.
Yo soy vuestra Felicidad.
Yo he sido enviado a vosotros por Aquel que llamamos Dios.

Que la Luz, el Amor y el Poder Divinos del Único y Santísimo Dios se manifiesten ahora en vuestros corazones y en vuestras mentes.
Que esta manifestación os lleve a buscar y conocer a ese Ser Divino que, ahora y para siempre, sois.

# Mensaje Nº 21

*14 de Marzo de 1978*

Mis queridos amigos, estoy verdaderamente feliz de estar con vosotros una vez más de esta manera.


Mi Plan es que Mi rostro y Mis palabras sean conocidos muy pronto.

Mi Emerger comienza.

Que podáis rápidamente sentir Mi Presencia, buscarme y compartir Mi carga, porque Mi Plan os concierne a todos.

Poco puedo hacer sin vuestra ayuda, vuestra ansiosa participación y aceptación de servicio.

A través de vosotros, si Me conocéis, Me amáis, amáis Mi Trabajo, respondéis a Mi Llamada, ese trabajo puede realizarse.

Necesito colaboradores.

Trato de poner ante vosotros la oportunidad de crecer en el Servicio, de elevaros a vosotros mismos hacia una nueva Luz, hacia una nueva responsabilidad, y cuando llame, podré contar con vosotros.

Hay muchos ahora que hacen este trabajo por Mí aunque no Me conocen, ni saben que estoy aquí.

Siempre ha sido así, porque muchos trabajan mejor en la sombra.

Pero vosotros, amigos Míos, tenéis la oportunidad del servicio pleno y consciente.

Aprovechadla entonces y empezad ahora.

Tomad parte en un Gran Plan que está cambiando el mundo, que está reuniendo a todos los hombres y a todas las naciones, que está mostrando el camino hacia el futuro y el regreso a Dios.


Muchos de vosotros habéis oído esta Llamada antes, pero todavía os negáis a actuar.

Nada ocurrirá por azar.

Es una Llamada a la Acción la que os hago y esa acción la potenciaré, muchas veces.

Aprovechad ahora la ocasión de ser Mis discípulos, de ser Mis amigos, Mis verdaderos hombres.

Antes de Mi Venida los hombres no conocían ninguna salida;
encallados en el lodazal de sus problemas, ellos temían.
Hoy hay una nueva luz, una nueva posibilidad de cambio.
Una nueva esperanza se extiende por el mundo: ese es Mi Rayo,
mi Don para vosotros, Mi Bendición para todos los hombres.

Que la Luz, el Amor y el Poder Divinos del Único y Santísimo
Dios se manifiesten ahora dentro de todos vosotros.

# Mensaje Nº 22

*22 de Marzo de 1978*

Una vez más estoy con vosotros, Mis queridos amigos.

Estoy aquí para deciros que Mi Emerger ha comenzado, y pronto Me veréis y oiréis Mis palabras.

Entre vosotros hay quienes saben que Yo estoy aquí, que Me ven en sus visiones y sueños, pero que sin embargo no hablan.
¿Por qué guardar esta maravilla para vosotros?
Mi gente clama por la verdad, por luz y socorro.
Hacedles saber que Yo he vuelto, que estoy aquí, trabajando y planeando para ellos; para llevarlos, si quieren, de vuelta al Padre, adelante hacia el futuro, a lo alto hacia la Luz.
Decidles que Yo estoy entre ellos y que pronto Me verán.
Decidles esto.

Mis Planes se realizan con normalidad, y pronto veréis una gran transformación en el mundo.
A pesar de las señales, los cambios se producen.
A pesar de la tensión, Mi Amor se extiende por todas partes.
Conoced esto y estad en paz con vosotros mismos y elevad la esperanza de los hombres.

Estoy con vosotros ahora, Mis queridos amigos, y os pido vuestra lealtad, vuestra confianza, vuestra ayuda.

Para mostrar a los hombres que el camino hacia el futuro reposa sobre el Amor y la Justicia, Yo he vuelto.
Para conducir a los hombres hacia ese futuro y mostrarles los Caminos de Dios, Yo estoy aquí.
Estad entonces, queridos Míos, preparados para recibirme, para trabajar conmigo, para disipar la niebla del temor y la ignorancia que envuelve a la humanidad.

Tomad, entonces, Mi mano, y dejadme guiaros hacia ese futuro dorado en donde aquellos que estén preparados verán el rostro de Dios.

Mis Bendiciones están con todos vosotros.


Que la Luz, el Amor y el Poder Divinos del Único y Santísimo Dios se manifiesten ahora en vuestros corazones y en vuestras mentes.

Que esta manifestación os lleve a buscar y hallar a ese Ser Divino que vosotros sois en verdad.

# Mensaje Nº 23



Buenas noches, Mis queridos amigos.

Estoy feliz de estar con vosotros una vez más y revelaros Mi Plan para el futuro inmediato.


Mi plan es dar a conocer Mi rostro en forma plena y visible, para llegar a vosotros a través de Mis palabras, para recibir de vosotros vuestra lealtad y vuestra ayuda.

Nada puedo hacer sin esta ayuda voluntaria, porque vosotros, amigos Míos, debéis rehacer el mundo. Os enviaré a Mis Discípulos, y ellos os mostrarán el camino; pero debéis actuar y seguir Nuestro Plan.


Mi Enseñanza proseguirá desde ahora.

Progresivamente los hombres conocerán Mi Presencia, poned atención, y comenzad a seguir un nuevo curso.

Mi esperanza es que rápidamente os reunáis alrededor de Mí, no importa donde estéis, y que ocupéis vuestro lugar a Mi lado.

Hombres y mujeres en todo el mundo, que comparten Mi esperanza de una nueva vida para la humanidad, indicarán el camino; y juntos haremos seguro al mundo.


Mi Vanguardia ha estado preparando a la humanidad para este momento.

Hay pocos en el mundo que no saben en sus corazones que Mi Regreso está cerca.

En todos los niveles resuena esta verdad.


Hallaréis que esto es así cuando os acerquéis a vuestros hermanos.

Cada uno de vosotros en su corazón ha visto la nueva luz que llama desde lejos, y que guarda la Promesa del tiempo futuro.

Esa luz se transformará en una llama nunca vista antes sobre la Tierra, cuando la humanidad emprenda el Sendero que le conducirá de regreso a Dios.

Ese Sendero es Mi Misión revelaros ante vuestros pies que avanzan e indicar el camino hacia Dios.

Que la Luz, el Amor y el Poder Divinos del Único y Santísimo Dios se manifiesten ahora en vuestros corazones y en vuestras mentes.
Que esta manifestación os lleve fuera del laberinto hacia la luz; que podáis crecer en esa luz, y veáis una Luz más elevada.

# Mensaje Nº 24

*4 de Abril de 1978*

Mis queridos amigos, estoy feliz de estar con vosotros una vez más de esta manera.


Pronto Me veréis en pleno hecho.

Mi Presencia llegará a ser conocida por vosotros, y, si vuestra respuesta es como Yo espero, nos encontraremos y trabajaremos juntos como amigos.

Mi intención es poner ante vosotros las respuestas al dilema del hombre, y mostraros que el futuro tiene para todos los hombres una promesa increíble.

Con Mis Hermanos, los Maestros de Sabiduría, os enseñaré la manera de liberar vuestra divinidad y recibir vuestra herencia.


Mi plan es despertar a la humanidad a su verdadero valor, a su verdadera capacidad y mostrarle que dentro de todos los hombres vive un divino hijo de Dios.

Si los hombres Me siguen, les llevaré paso a paso a través del proceso de la Iniciación, cuyo Sello Yo guardo.

De esta manera, ellos revelarán el Dios que mora en su interior.


Mis Maestros están preparando el camino.

Están eligiendo a Sus trabajadores a través de los cuales puedan actuar, y pronto, en los centros, el Mandato será dado, el trabajo comenzará, y la Nueva Dispensación para la humanidad empezará.


Los que estáis aquí presentes estáis entre aquellos que pueden indicar el camino. Mostrad a vuestros hermanos que existe para el hombre una vida mejor, un futuro mejor del que podría soñar.

Decidles que Maitreya vive, que el Señor del Amor camina en el exterior, que el Hijo del Hombre ha regresado al mundo, para cambiar ese mundo, a través de los hombres.

Decidles esto, amigos Míos, y reveladles la esperanza del futuro.

Que la Luz, el Amor y el Poder Divinos del Único y Santísimo Dios se manifiesten ahora en vuestros corazones y en vuestras mentes.

Que esta manifestación os lleve a buscar y hallar a ese Dios que siempre habéis sido.

# Mensaje Nº 25

*11 de Abril de 1978*

Mis queridos amigos, otra vez estoy con vosotros.

Puedo deciros ahora que hay algunos entre vuestros hermanos y hermanas que han visto Mi Rostro. Mi nombre hasta ahora les es desconocido pero Mi Presencia es una viva realidad para ellos.
Que pronto así sea para vosotros.

Mis Maestros están reuniendo Sus ejércitos, Sus grupos, y concentrando fuerzas Nosotros avanzamos hacia el futuro, hacia la luz de un nuevo día.
Mi objetivo es llevaros conmigo hacia esa Luz clara, y desplegar ante vuestros ojos las maravillas de Dios.
Animaos con estas palabras, amigos Míos, y seguidme.
Dejadme elevaros hacia vuestra verdadera estatura como hijos de Dios, como hombres verdaderos, todos hermanos.
Yo tiendo Mis manos hacia vosotros, listo para recibiros con Amor, para mostraros el camino que todos los hombres deben algún día andar.
Tomad, pues, Mis manos, queridos Míos, y dejad que guíe.

Haced saber a todos que Yo estoy aquí, que he vuelto y preparo a los hombres para el Día de la Declaración, el día del Don de Dios; porque en ese día, los hombres celebrarán juntos el cumplimiento de la Voluntad Divina.
Mi Venida no es nada menos.

Ocupad ahora vuestro lugar a Mi lado, y juntos probemos que el hombre es Dios, que no hay nada que no sea Dios.

Que la Luz, el Amor y el Poder Divinos del Único y Santísimo Dios se manifiesten ahora en vuestros corazones y en vuestras mentes.

Que esta manifestación os lleve a realizar vuestra verdadera naturaleza como hijos de Dios.

# Mensaje Nº 26
*18 de Abril de 1978*

Mis queridos amigos, estoy feliz de estar otra vez con vosotros.

Verdaderamente estoy entre vosotros, de una nueva forma: vuestros hermanos y hermanas Me conocen, Me han visto y Me llaman Amigo y Hermano.

Mi plan es revelarme poco a poco, y reunir a Mi alrededor a aquellas almas iluminadas por medio de las cuales pueda Yo trabajar. Este proceso ya ha comenzado, y pronto, en Mi Centro, Mi Presencia será conocida.

Mi cuerpo de trabajadores mostrará al mundo que los problemas de la Humanidad pueden resolverse; mediante el proceso de compartir y la justa redistribución, las necesidades de todos pueden ser satisfechas.
Este creciente grupo mostrará a los hombres que es innecesario el sufrimiento de tanta gente, a causa del hambre, las enfermedades y las angustias que acosan a la humanidad.

Mi plan es llevaros de viaje hacia una Tierra Nueva, hacia una nueva forma de vivir la vida, en la cual todos los hombres puedan compartir.
Dejadme guiaros, dejadme mostraros el camino.
Dejadme elevaros hacia la luz de una Nueva Verdad.
Dejadme mostraros, amigos Míos, el Camino hacia Dios, porque sólo a través de la manifestación de la Voluntad de Dios puede Dios ser conocido.
Yo estoy aquí para administrar esa Voluntad.

Aprovechad esta oportunidad para servir y crecer en el Servicio, amigos Míos, porque ninguna más grande ha sido ofrecida a hombre alguno.

Aprovechad esta oportunidad para servir, y ved el rostro de Aquel que llamamos Dios.


Mis brazos se extienden hacia vosotros, amigos Míos, pidiendo vuestra confianza, solicitando vuestra ayuda para rehacer vuestro mundo.
Muchas son las labores por realizar, muchos los golpes que dar por la Libertad y la Verdad.
Necesito a todos aquellos en quienes resplandece esa verdad para que Me sigan y Me ayuden en Mi Trabajo.
Que estéis listos cuando escuchéis Mi Llamada.
Esa Llamada resonará en los oídos de los hombres en todas partes, en todo el mundo.
Es una Llamada a Dios.


Que la Luz, el Amor y el Poder Divinos del Único y Santísimo Dios se manifiesten ahora en vuestros corazones y en vuestras mentes.
Que esta manifestación os lleve a buscar y a conocer esa Esencia de Dios que en verdad sois.

# Mensaje Nº 27

*25 de Abril de 1978*

Estoy feliz de estar otra vez con vosotros, queridos amigos Míos, y de deciros que Mi Emerger prosigue según el plan.

Hay muchos ahora entre vuestros hermanos que Me conocen bien, que confían en Mí, en cuyo Defensor Yo me convertiré.

Apresuraos en recibirme, en conocerme, en compartir Mi carga. Aquellos de entre vosotros que desean servir al mundo tienen ante ellos ahora la oportunidad de todas las vidas. Que la aprovechéis, utilicéis plenamente y creéis para vosotros mismos y vuestros hermanos una nueva vida.

Mi gente está preparando Mi camino.
Haceos uno con ellos, ayudadlos, mantened estrecho contacto con su trabajo y permitidles mostraros el camino.

Mi Plan progresa con normalidad.
Mis Propósitos están siendo cumplidos.
Mi Regla se está acercando.
Mi Tiempo está próximo.
Mi Ley será establecida.
Mi Amor es propagado por todas partes.
Mi Enseñanza mostrará a los hombres el camino a seguir,
el único camino que les queda,
el Camino de Antaño,
el Camino de Dios,
el Camino de los Verdaderos Hombres, Verdaderos Hijos de Dios.

Mi Amor se establecerá en los corazones de los hombres y juntos en el Amor conoceremos a Dios, veremos el rostro de Aquel que se sienta en el Trono Resplandeciente.
Juntos nos arrodillaremos a Sus pies y conoceremos la Paz de Dios.

Esa es Mi Labor.

Permitidme conduciros allí, amigos y hermanos Míos.

Responded rápidamente a Mi Presencia y Enseñanza y Yo os conduciré delante del Trono.

Daos prisa, amigos Míos, todo está bien, todo se está cumpliendo rápidamente.

Mi Misión prosperará.

Que la Luz, el Amor y el Poder Divinos del Único y Santísimo Dios se manifiesten ahora en vuestros corazones y en vuestras mentes.

Que esta manifestación os lleve a ver que vosotros no sois sino aspectos de Dios.

# Mensaje Nº 28

*9 de Mayo de 1978*

Otra vez estoy con vosotros, Mis queridos amigos.

Me gustaría mostraros una nueva manera de vivir, una manera basada en la innata fraternidad del hombre, en su capacidad de amar y compartir, y en su divinidad esencial.

El proceso de volverse divino es simple, natural, accesible libremente a todos los hombres.

Es el proceso de liberar a ese Dios que, desde el principio, ha morado dentro de vosotros.

Mi Promesa es esta: si Me seguís hacia el Nuevo Tiempo, Yo liberaré por vosotros vuestra divina naturaleza.

Yo soy el Camino y los Medios que llevan hacia Dios, porque Yo guardo las Puertas por las cuales todos los hombres pasan para llegar a los pies de Dios.

Si podéis tener confianza en Mí para mostraros el Camino, os guiaré hacia adelante y hacia lo alto y os conduciré hasta Él.

Esa es Mi Labor.

Yo os digo solamente lo que vosotros ya sabéis: que todos los hombres son hermanos; pero cuando esa fraternidad se manifieste en el mundo, esa divinidad también brillará.

Mi Emerger prosigue.

Hay muchos que Me conocen y Me llaman Amigo, Me saludan diariamente, y cuya sonrisa de bienvenida Yo estimo. Pronto seré conocido por vosotros de una forma particular, delineando para vosotros las posibilidades de cambio. Que podáis verme pronto, conocerme y trabajar por Mí.

Mi plan es mostrarme al mundo tan pronto ahora que quedará poca duda de que el Señor del Amor está aquí, que el Hijo del Hombre está entre vosotros, que el Príncipe de la Paz ha regresado.

Que la Luz, el Amor y el Poder Divinos del Único y Santísimo Dios se manifiesten ahora en vuestros corazones y en vuestras mentes.

Que esta manifestación os lleve a buscar y conocer esa Luz Divina dentro de vuestro corazón que es Dios mismo.

# Mensaje Nº 29

*16 de Mayo de 1978*

Mis queridos amigos, estoy feliz de estar otra vez con vosotros y de revelaros un fragmento de Mi Enseñanza.

Mis Maestros os enseñarán las reglas de la Vida; Yo mismo os mostraré esa Luz superior que llama a la humanidad.

Mi Enseñanza es doble: trata de la naturaleza física del hombre, las necesidades de la vida; y trata, también, de las relaciones del hombre con ese Ser Divino al que llamamos Dios.

En Mi vocabulario éstas son como una, porque en cuanto el hombre se relaciona correctamente con el hombre él así se relaciona con Dios.

Mi plan es mostraros esto, enseñaros que cuando el hombre descubre en sí mismo la capacidad de compartir, de amar, de confiar, desde ese momento comienza su ascensión hacia Dios.

Siempre fue así y siempre será así.

Mi Venida ha sido esperada por millones de personas.

Mi Llegada entre vosotros es conocida relativamente por pocos.

Sin embargo, estos pocos pueden decírselo a los demás y encender en ellos la alegría que Mi Promesa trae.

Mi Misión está ahora en marcha, obteniendo resultados.

Pronto, en Mi centro, Mi rostro y Mi nombre serán conocidos y atraerán hacia Mí a aquellos que buscan servir. Que estéis entre ellos.

Mi precisa residencia no es tan importante.

Lo que debéis buscar es Mi Mensaje, Mi Llamada, y responder desde vuestros corazones.

Mi Labor empieza bien y pronto veréis la creación de un nuevo mapa, de una Tierra Nueva.

A esa Tierra Yo la llamo Amor.

Que la Luz, el Amor y el Poder Divinos del Único y Santísimo Dios se manifiesten ahora en vuestros corazones y en vuestras mentes.

Que esta manifestación os lleve a buscar y hallar a esa Chispa Divina que vosotros en verdad sois.

# Mensaje Nº 30

*23 de Mayo de 1978*

Mis queridos amigos, estoy feliz de estar otra vez con vosotros.

Mi Plan transcurre con normalidad; Mi trabajo prosigue y ahora en Mi centro Mi nombre y rostro son conocidos por muchos.
Vuestros hermanos buscan Mi ayuda y Me traen sus problemas.
Yo doy la bienvenida a esto y pronto seré para ellos de una gran ayuda.

Mis Maestros están ahora trabajando para lograr la transformación de vuestra vida social, las viejas formas están corrompidas y caducas.
Bajo Su orientación, vuestros hermanos están preparando las nuevas formas, las nuevas líneas de acción, a través de las cuales puedan ser expresadas las nuevas aspiraciones del hombre en esta Nueva Era.

Permitidme deciros esto: Mi Misión se está desarrollando tan bien ahora que pronto el mundo sabrá que el Precursor ha regresado,
que el Camino de la Verdad está abierto,
que la Luz del futuro llama,
que el grito del hombre ha sido escuchado,
que el Plan de Dios se está cumpliendo,
que las señales de lo Nuevo pueden ser vistas,
que el Amor de Dios será expresado.
Mi Venida es la garantía de todo esto.

Yo soy la Respuesta al pasado.
Yo soy la Esperanza para el futuro.
Yo soy la Lámpara.
Yo soy el Sendero hacia Dios.
Yo soy el Secreto.
Yo soy el Fundamento.
Yo soy la Presencia.

Uníos a vuestros hermanos en el servicio a Mí y al mundo.
Preparaos para Mi Emerger y cread un mundo nuevo y más feliz
para todos los hombres.
Haced esto ahora, amigos Míos.
Preparaos para verme pronto.
Preparaos para reconocerme.
Preparaos para tocar la nota triunfal de la Verdad.


Que la Luz, el Amor y el Poder Divinos del Dios Eterno se mani-
fiesten ahora en vuestros corazones y en vuestras mentes.
Que esta manifestación os lleve a estar siempre en el Aura del
Dios Viviente.

# Mensaje Nº 31

*30 de Mayo de 1978*

Mis queridos Amigos, estoy feliz de estar otra vez con vosotros.

Mi Plan prosigue bien. Estoy entre amigos, vuestros hermanos Me conocen y Me aman, y por ellos hablaré.

Cuando Me veáis sabréis por qué he venido, ya que Me dirigiré a vosotros en estos términos:
"Salvad a Mis pequeños.
Alimentad a vuestros hermanos.
Recordad que la humanidad es Una, hijos del Único Padre.
Ceded, con toda confianza, los bienes de la Tierra a todos aquellos que están en necesidad.
Haced esto ahora y salvad al mundo."

De esta manera hablaré; así será Mi Llamada; y cuando la humanidad haya aceptado esta Ley, Me declararé a Mí Mismo.
Muchos ahora saben que esto es verdad, que desean compartir, que desean la fraternidad, pero sin embargo no actúan.
Nada ocurre por sí mismo. El hombre debe actuar e implementar su voluntad.
Hoy, esa voluntad es la Voluntad, también, de Dios.
Por tanto, el resultado está asegurado.

Hermanos Míos, ¿por qué esperáis a Mi Aparición?
¿Por qué permanecéis sentados mientras el mundo gime; mientras hombres, mujeres y niños mueren en la miseria, abandonados por sus hermanos?
No hay mayor aspiración que el deseo de servir.
Haced que vuestro acto de servicio sea salvar a los que mueren de hambre en el mundo y ayudad a Mi Plan.

Mi Ejército está desplegado, en posición; la Luz de la Verdad brilla en sus ojos y a Mi Llamada, actuará.

Veos a vosotros mismos como a uno de esa Compañía de Luz y estad seguros que Mi Amor actuará a través de vosotros.
Sed vosotros mismos uno de esta gozosa Compañía y estad seguros de Mi fuerza.
Aceptad el reto que este servicio presenta y realizaros en esta vida.

Mi Misión acaba de comenzar pero ya las ruedas están girando, el proyecto de la Verdad desciende y Mi Luz brilla en los corazones de los hombres.

Que la Luz, el Amor y el Poder Divinos del Único y Santísimo Dios se manifiesten ahora en vuestros corazones y en vuestras mentes.
Que esta manifestación os lleve a ser ese Centro de Luz que en verdad sois.

# Mensaje Nº 32

*13 de Junio de 1978*

Mis queridos amigos, otra vez estoy con vosotros.


Mi Aparición entre los hombres está próxima.
Pronto, por vosotros mismos, sabréis que Yo estoy con vosotros.
Vuestros hermanos, ya, me conocen y confían en Mí y Me consideran como Guía.
De esta manera hablaré por ellos y al mundo, poniendo ante la humanidad las alternativas.


Muchos Me oyen incluso ahora, escuchan Mis palabras y reflexionan, porque les digo lo que en sus corazones conocen.
Yo les digo que la Justicia es una Ley de Dios.
Yo les digo que el Amor es el Camino hacia el Origen.
Yo les enseño que sin Amor y Justicia la humanidad perecerá.


Mis hermanos Me aman por estas Verdades, porque reconocen que están detrás de toda vida.
De esta manera os hablaré y así sabréis que estoy entre vosotros.
Apresuraos en seguirme, para crear el Nuevo Tiempo, el glorioso futuro que brilla para la humanidad.


Dejadme hablaros sencillamente amigos Míos.
Dejadme trazar por vosotros el Plan de Dios para ese futuro.
Dejadme mostraros el camino para manifestar ese Dios que vosotros sois, y así completar ese Plan.


Quizás os sorprendáis por el hecho de Mi temprano Regreso, pero hombres y mujeres lloran, niños mueren, y otros ríen en ciego olvido.


Mi Venida no es producto del azar sino por Ley y Amor.
Esa Ley y ese Amor Me han traído aquí.

Cuando Me veáis, veréis a un Amigo y a un Hermano, y sabré entonces que Mi Venida no habrá sido en vano.


Que la Luz, el Amor y el Poder Divinos del Único y Santísimo Dios se manifiesten ahora en vuestros corazones y en vuestras mentes.
Que esta manifestación os lleve a ver vuestra verdadera naturaleza como Amor.

# Mensaje Nº 33
### *22 de Junio de 1978*

Mis queridos amigos, estoy feliz de estar una vez más con vosotros.

Muchos Me verán pronto, escucharán Mis palabras, y Me seguirán.

Que estéis vosotros entre los primeros en hacerlo, porque de esta manera podréis ser Mis Colaboradores.

Mi necesidad de tales es grande.

Hay muchos que comparten Mi esperanza para la restauración de nuestro mundo.

Buscadles y trabajad con ellos.

Construid juntos una fortaleza de Luz e iluminad el sendero para vuestros hermanos.

No os quedéis sentados, sino actuad, y restableced el Tiempo de la Verdad.

Mis Maestros os indicarán el Sendero y bajo Su orientación podréis crear grandes logros.

Mi propósito de esta noche es deciros que Mis métodos son simples en realidad.

Mi Plan es este: Poner ante la humanidad las alternativas del compartir y la muerte.

Nadie en verdad podría para la humanidad elegir la última, porque esa muerte sería muy vergonzosa y amarga, en nada semejante a vuestros más sombríos temores.

Amigos Míos, hay un camino de Esperanza.

Hay un camino hacia la Luz.

Ese sencillo camino se asienta en la Fraternidad y el Amor.

Muchas veces anteriormente habéis oído esto. Sin embargo, la humanidad todavía está esperando a que esto se cumpla.

Haced pues, con alegría, vuestra elección por la Vida, por la Justicia y el Compartir, y seguidme hacia vuestro más glorioso y brillante futuro.

Que esta sea vuestra elección, amigos Míos, y sed dotados de vuestra estatura como Dioses mismos.


Que la Luz, el Amor y el Poder Divinos del Único y Santísimo Dios se manifiesten ahora en vuestros corazones y en vuestras mentes.
Que esta manifestación os lleve a buscar y hallar ese Centro de Silencio que se encuentra dentro de todos vosotros.

# Mensaje Nº 34

*29 de Junio de 1978*

Mis queridos amigos, estoy de nuevo con vosotros y feliz de hablaros de esta manera.


Estoy con vosotros, en un sentido muy real, pero pronto Me veréis más claramente, y cuando esto suceda, veréis a vuestro Amigo y Hermano Mayor.

Mi Misión prosigue rítmicamente y bien y Mis Planes están, sin ninguna duda, recibiendo la debida respuesta de la humanidad.

Hay muchos ahora que Me prestan atención sin tener conocimiento de Mi Presencia, pero los corazones de los hombres responden y pronto una gran transformación tendrá lugar en el mundo.

Muchos están sintiendo Mi Presencia, aunque sea indirectamente, y responden a Mi Llamada.

A través de ellos, Yo trabajo, a través de ellos Mi Plan se realiza.


Cuando haga Mi Declaración ante la humanidad muchos se darán cuenta que en sus corazones Me vieron.

Cuando llegue ese día os consideraré a todos, hermanos y hermanas, como trabajadores de la Luz y comprometidos en la transformación de nuestro mundo.


Cuando Yo Me anuncie al mundo, hablaré a todos los hombres en estos términos:

"Preparaos para veros a vosotros mismos como Dioses.

Preparaos para ser elevados hacia la Luz.

Preparaos para comprenderos como hermanos, uno de otro.

Preparaos para enseñar la Verdad.

Preparaos para vivir la Ley.

Dad la bienvenida a esta Ley y restableced el Plan de Dios."


Que la Luz, el Amor y el Poder Divinos del Único y Santísimo Dios se manifiesten ahora en vuestros corazones y en vuestras mentes.

Que esta manifestación os lleve a buscar y hallar esa Esencia de Verdad que siempre habéis sido.

# Mensaje Nº 35

*6 de Julio de 1978*

Mis queridos amigos, estoy feliz de estar con vosotros una vez más.


Mis Planes se están llevando a cabo.

Mi Emerger tarda un poco pero prosigue bien.

Pronto, entre vuestros hermanos, Mi Enseñanza comenzará y, resonando en todo el mundo, anunciará una Nueva Era.


Mi Promesa se mantiene: llevaré ante el Trono de Dios a aquellos que Me puedan seguir hacia la Luz Superior que Yo traigo.

Que estéis entre aquellos que han de conocer esta alegría.

Ocupad vuestro lugar a Mi lado y juntos renovaremos todas las cosas.

Tomad Mi mano, amigos Míos, y dejadme guiaros por Mi Jardín.

Permitid que Yo os muestre Mis Flores.

Permitid que Yo os enseñe Mi Ley.


Mi corazón os envuelve como siempre y a cada paso del sendero de ascenso Mi mano os fortalece y guía.

Soy vuestro Maestro, Hermano y Amigo.

Conocedme entonces de esta manera.


Dejadme mostraros el sencillo Sendero hacia Dios.

Dejadme mostraros la Gran Luz Divina.

Viajemos juntos por este Sendero y conozcamos los Secretos de Antaño, conozcamos las Maravillas de Dios, conozcamos la Bendición del Amor.


El grito de los hombres por la Justicia ha llegado a Mis oídos y a ese grito Yo escucho.

La llamada de socorro se ha elevado hacia Mí y Yo Me apresuro a dar.

El dolor del mundo reposa pesadamente en Mi corazón y gustosamente quisiera aliviarlo.

Mi dolor puede ser vuestro; Mi carga puede ser compartida. Yo os ofrezco ambos.

Tomad Mi dolor, hermanos Míos, y convertidlo en Alegría.

Aligerad Mi carga, amigos Míos, y conoced la Bienaventuranza.


Que la Luz, el Amor y el Poder Divinos del Único y Santísimo Dios se manifiesten ahora en vuestros corazones y en vuestras mentes.

Que esta manifestación os lleve a ver que sois ahora y siempre centros en el Ser de Dios.

# Mensaje Nº 36

*13 de Julio de 1978*

Una vez más estoy con vosotros, Mis queridos amigos.

Todo está bien.

Mi Emerger planeado está teniendo lugar y dentro de poco tiempo, en Mi centro, Mi rostro será conocido.

La primera fase se ha completado con éxito y con alegría podéis esperar Mi Enseñanza.

Cuando Me veáis, sabréis que ha llegado el momento para el cambio.

El mundo espera la proclamación de la Fecha Cósmica.

Las naciones se preparan para una Nueva Dispensación y con Confianza y Fraternidad todos los hombres compartirán.

Mis Maestros están ahora emergiendo más rápidamente de lo planeado; este estímulo traerá grandes beneficios al mundo, transmitiendo como Ellos lo hacen el Amor de Dios.

Mis Maestros os ayudarán a manifestar este Amor Divino, os mostrarán el sencillo Camino de la Verdad, la bendición de la Confianza.

No tengáis miedo, amigos Míos, porque todo irá bien.

La Nueva Luz brilla, la Tierra Nueva os llama, y en esa Tierra os mostraré las maravillas de Dios.

Estad preparados para seguirme allí y poder manifestar vuestra grandeza dada por Dios.

Que la Luz, el Amor y el Poder Divinos del Único y Santísimo Dios se manifiesten ahora en vuestros corazones y en vuestras mentes.

Que esta manifestación os lleve a estar siempre envueltos por la Luz y el Amor de Dios que moran dentro de vosotros.

# Mensaje Nº 37

*18 de Julio de 1978*

Mis queridos amigos, Me alegra mucho poder hablar nuevamente con vosotros.


Mi Misión se desarrolla bien.

Mi corazón se llena de alegría ante la perspectiva de un renovado contacto con Mis hermanos.

Todos los que aman y sirven a sus hermanos les considero de esta manera.


Mi plan inmediato es revelarme poco a poco de cierta manera, y, ampliando Mi campo de trabajo, hablar por todos los hombres.

Pronto estaré entre vosotros de una forma inconfundible a vuestros corazones preparados.

De este modo Me conoceréis: por Mi Luz que brilla a través de vosotros, despertándoos al servicio y al Amor.

De este modo Me conoceréis: por Mi Llamada a la Justicia y la Razón.

De este modo Me conoceréis: por Mi trabajo entre vuestros hermanos, aquellos que necesitan de Mi ayuda.

Mi Petición proclamará: "Salvad al mundo, ayudad a aquellos que sufren y mueren en la pobreza."

Mi Llamada resonará: "Corregid los errores del pasado y renovad el espíritu del hombre.

Haced sitio al Amor en vuestros corazones y ved a Dios."

Así os hablaré, amigos Míos, y así Me conoceréis.


Mi Labor comienza, una labor que he preparado durante mucho tiempo con sabiduría y alegría, una labor que es para Mí la realización de Mi Misión y la realización de la Voluntad de Dios.

Que la Luz, el Amor y el Poder Divinos del Único y Santísimo Dios se manifiesten ahora en vuestros corazones y en vuestras mentes.
Que esta manifestación os lleve a estar siempre conscientes de vuestro verdadero esplendor como Chispas de Dios.

# Mensaje Nº 38

*25 de Julio de 1978*

Otra vez estoy con vosotros, Mis queridos amigos.

Me siento feliz de poder deciros que hay entre vuestros hermanos quienes Me han visto y Me han dado su lealtad. Ellos confían en Mí para que les muestre el sendero a seguir, ese Sendero que conduce hacia lo alto a la Luz de Dios.
Dejadme llevaros conmigo hacia esa Luz Divina, para mostraros las Maravillas que aguardan a vuestros asombrados ojos.
Mis queridos niños, Me gustaría enseñaros que amar a Dios y amar a los hombres son una misma cosa; cuando amamos a nuestros hermanos, así manifestamos nuestro amor a Dios.
Teóricamente conocéis esto, pero, queridos amigos Míos, la práctica del amor es esencial, porque solamente con Amor esta Tierra será sustentada.

Mis esfuerzos están resultando exitosos para cambiar el equilibrio del mundo.
Los hombres están preparados para recibirme; sabiéndolo o no, esperan Mi Presencia.
Diariamente escucho sus oraciones.

Mis Maestros están entre vosotros en una nueva forma, más próximos a vosotros como nunca antes, sembrando las semillas del Amor y la Confianza entre las naciones.
Que estas semillas de Amor encuentren un suelo fértil.
Mi plan es emerger pronto, hablar a los hombres de una manera sencilla y en un lenguaje que todos los hombres puedan comprender; hablarles como a hermanos, guiar sus pasos en la dirección de Dios.

Dios puede ser conocido por muchos nombres:
Yo Le llamo Amor;
Yo Le llamo también Justicia.
Ambos, el Amor y la Justicia son los fundamentos de nuestra vida.
Buscadme y conoced a vuestro Antiguo Hermano.
Escuchad Mi Mensaje, amigos Míos, y juntos en la alegría transformaremos este mundo.

Que la Luz, el Amor y el Poder Divinos del Único y Santísimo Dios se manifiesten ahora en vuestros corazones y en vuestras mentes.
Que esta manifestación os lleve a estar siempre envueltos en la Bendición y Amor de Dios que fluyen eternamente.

# Mensaje Nº 39

*1 de Agosto de 1978*

Mis queridos amigos, de nuevo estoy con vosotros, y estoy feliz de que sea así.


Mi Enseñanza sigue su curso. Mis palabras resuenan en todos los planos, y actúan para traer la Luz a la humanidad.

Pronto, en Mi centro, los hombres se despertarán para encontrar entre ellos al Hijo del Hombre, porque, amigos Míos, Mi Misión prosigue y Mis pasos anuncian el Nuevo Tiempo.

Vuestros hermanos Me conocen, Me aceptan como a Uno de ellos y Me hacen sentir confortable en el mundo.

Cuando Me veáis encontraréis un Hermano y Amigo, un Instructor y Guía, un Refugio y Escudo.

Esperad Mi Emerger pronto y estad preparados para trabajar para Mí, para mostrar a vuestros hermanos el camino a seguir, el camino hacia la Luz, el camino para conocer los Secretos de Dios.


Para mostraros esto Yo he venido.

Para enseñaros las sencillas Verdades Yo estoy aquí .

Para guiaros hacia la Tierra Bendita del Amor Yo he vuelto.

Haced que vuestra labor sea encontrarme rápidamente, encender la lámpara de vuestro hermano, difundir Mis Palabras en el mundo para alcanzar el corazón de vuestro hermano.

Que estéis entre aquellos que Me encuentren y Me reconozcan rápidamente, porque, si lo hacéis, podréis ser Mis guerreros.


Mi Labor comienza.

Es una labor que Yo he esperado durante mucho tiempo, pero una que Yo asumo con alegría.

Mi Ejército está ya en marcha y pronto el fragor de la batalla se oirá.

El éxito de esta batalla está asegurado, porque a Mi Lado están verdaderos hijos de Dios.

Ocupad vuestros lugares en las filas de Mi Ejército, amigos Míos, y cread el Nuevo Tiempo, el Tiempo de Dios.

Que la Luz, el Amor y el Poder Divinos del Único y Santísimo Dios se manifiesten ahora en vuestros corazones y en vuestras mentes.

Que esta manifestación os lleve a ser siempre conscientes de que sois, ahora y para siempre, hijos de Dios.

# Mensaje Nº 40

*8 de Agosto de 1978*

Mis queridos amigos, estoy feliz de estar con vosotros una vez más.

Pronto seré conocido por vosotros de forma más completa y sabréis por vosotros mismos que estoy entre vosotros.

Mi Amor está cambiando el mundo. Hoy, los hombres se encuentran preparados para una nueva vida, un nuevo principio, el principio del Amor.
Este es Mi Don para vosotros.

Mi Ejército está listo para la batalla, con Mis Maestros de Sabiduría y Yo Mismo al frente.
Esta batalla se librará para la continuidad del hombre sobre la Tierra.
Estad seguros de que Mi Ejército triunfará.

Mi Ley será aceptada por los hombres.
Mi Amor florecerá en sus corazones, y a través de esta Ley de Amor, la humanidad conocerá a Dios.
Mi Enseñanza os mostrará el camino hacia Dios, el sencillo sendero de Justicia y Amor.
Mis Maestros os enseñarán las antiguas Leyes y Conocimientos, y os conducirán ante Mí.

Yo soy la Luz.
Yo soy la Ley.
Yo soy Aquel que ha Ascendido.
Yo soy el Conocedor de la Voluntad de Dios.
Yo soy el Faro.
Yo soy el Sostén de todos los hombres.

Yo conozco los corazones de los hombres y trato de purificarles.
Yo conozco las preocupaciones de los hombres y trato de ayudarles.
Yo conozco la angustia de muchos y regreso para salvarles.


Mis hermanos y amigos, estoy con vosotros y alrededor vuestro.
Yo soy vuestro corazón amante.
Yo soy vuestro pensamiento más elevado.
Yo soy vuestra compasión.


Manifestad Aquello que Yo soy y conoced la felicidad que llega a aquellos que conocen a Dios.


Que la Luz, el Amor y el Poder Divinos del Único y Santísimo Dios se manifiesten ahora en vuestros corazones y en vuestras mentes.
Que esta manifestación os lleve a los brazos del Dios Eterno.

# Mensaje Nº 41
*7 de Septiembre de 1978*

Mis queridos amigos, estoy feliz de estar una vez más con vosotros.

Pronto Me veréis, y cuando lo hagáis, no tendréis ninguna duda de que vuestro Hermano, el Mismo Maitreya, está entre vosotros.

Estoy con vosotros de diferentes maneras, la principal de ellas como la Encarnación del Amor.
Este principio de Amor subyace a todos los Seres, y sin su manifestación, la Vida dejaría de existir.
Mi Misión es evocar el principio de Amor en todos los hombres, y a los que estén preparados, mostrar una Verdad Superior.

Los medios son sencillos:
A través de la Justicia y la Libertad para todos, ese Amor puede ser expresado.
A través de la manifestación de la Fraternidad del hombre, el Origen de Todo puede ser conocido.
Que podáis ver pronto realizado esto, comprender el propósito de la vida y mostrar el camino a vuestros hermanos.
Así podréis tomar parte en la transformación de vuestro mundo.

Mis Maestros están desarrollando, por medio de Sus grupos, nuevas formas y estructuras para vuestra vida.
Estas os permitirán expresar mejor los Seres Divinos que sois, y así completar el Plan.
Tomad parte, amigos Míos, en esta gran aventura del Espíritu, y permitidme mostraros, y guiaros hacia, vuestra herencia.

Que la Luz, el Amor y el Poder Divinos del Único y Santísimo Dios se manifiesten ahora en vuestros corazones y en vuestras mentes.
Que esta manifestación os lleve rápida y seguramente a los pies de Dios.

# Mensaje Nº 42

*12 de Septiembre de 1978*

Mis queridos amigos, estoy feliz de estar otra vez con vosotros.

Muchas veces Me habéis oído decir que Mi Venida significa cambio.
Específicamente, el mayor cambio se producirá en el corazón y en la mente de los hombres, porque Mi Regreso entre vosotros es una señal de que los hombres están preparados para recibir nueva vida.
Esa Nueva Vida para los hombres Yo traigo en abundancia.
En todos los planos esta Vida fluirá, llegando a los corazones, las almas y los cuerpos de los hombres, acercándoles al Origen de la Vida Misma.
Mi labor será canalizar esas Aguas de la Vida a través de vosotros.

Yo soy el Portador de Agua.
Yo soy el Cántaro de la Verdad.
Esa Verdad Yo os revelaré y os elevaré hasta vuestra verdadera naturaleza.

Yo soy el Río.
Por Mí fluye la nueva corriente de Vida dada por Dios, y esta os la concederé.
Así caminaremos juntos por Mi Jardín, sentiremos el perfume de Mis Flores, y conoceremos la alegría de la proximidad a Dios.

Amigos Míos, estas cosas no son sueños.
Todo esto será vuestro.
Mi Misión os lo otorgará.

Que la Luz, el Amor y el Poder Divinos del Único y Santísimo Dios se manifiesten ahora en vuestros corazones y en vuestras mentes.
Que esta manifestación os lleve hasta el seno del Dios Eterno.

# Mensaje Nº 43

*19 de Septiembre de 1978*

Mis queridos amigos, estoy feliz de estar de nuevo con vosotros.

Mi Promesa se cumplirá.
Llevaré ante Aquel que Resplandece a todos aquellos que puedan seguirme hacia la Luz Superior, y así veréis el rostro de Dios.

Amigos míos, Dios está más cerca de vosotros de lo que podéis imaginar.
Dios es vosotros mismos.
Dios está dentro de vosotros y alrededor vuestro.
Dios también está sentado con toda majestad en el Trono Dorado, y cuando estéis preparados, nos arrodillaremos juntos a Sus divinos pies.
Así será.
Por tanto apresuraos en seguirme, en alcanzar las cumbres desde donde se pueden ver las glorias de Dios, la Tierra Bendita del Amor, el Río de la Verdad.
Dejadme llevaros conmigo hacia esa hermosa tierra y mostraros las maravillas de vuestra herencia.

Mis Maestros están entrenando a Sus grupos a mostrar el camino para realizar las necesidades del hombre.
A través de esta manifestación, toda bondad seguirá.
Mis Maestros conocen los problemas que acosan actualmente al hombre; las respuestas asimismo están a Su alcance.
Dejadles que guíen, amigos Míos, y mostraros el sencillo sendero de la Alegría, la Sencillez y la Verdad.

Una nueva Ley desciende.
La nueva Verdad se hace conocida al hombre.
La Ley es Amor,
La Verdad, amigos Míos, es la Fraternidad.

Mi Misión es asegurar que esa Ley y esa Verdad se manifiesten.
Esto Yo os lo prometo y así será.


Que la Luz, el Amor y el Poder Divinos del Único y Santísimo
Dios se manifiesten ahora en vuestros corazones y en vuestras
mentes.
Que esta manifestación os lleve a estar siempre envueltos por el
Dios Viviente.

# Mensaje Nº 44
*26 de Septiembre de 1978*

Mis queridos amigos, estoy feliz de estar otra vez con vosotros, y de deciros que Mi Emerger prosigue correctamente.

Mi rostro es conocido a un número creciente de vuestros hermanos, pero Mi nombre por el momento no debe ser revelado.
De esta manera, Mi Secreto puede ser guardado.
¿Por qué debe ser esto así?
Para que seáis capaces, amigos y hermanos Míos, de encontrarme desde la luz dentro de vosotros, esa Luz que Yo traigo.
Debéis conocer y querer Aquello que represento.
Dentro de vuestros corazones debe arder el deseo de Justicia y Verdad.
Allí donde estos aspectos divinos estén presentes, Me reconoceréis.
Preveo poca dificultad para aquellos que siguen Mi Ley, porque esta Ley evoca dentro de vosotros el deseo de Verdad.

Mi Presencia está causando tales cambios en el mundo que dentro de poco el conocimiento de Mi Existencia será descubierto.
Los hombres se formularán la pregunta: ¿Cómo puede ser? ¿De dónde brilla esta nueva luz?
Las divisiones de antaño se fundirán y crecerán juntas; los hijos de los hombres percibirán una luz más elevada y, volviendo sus rostros hacia esa Luz, Me encontrarán esperando para guiarlos.
Así será.
Así la verdad en los corazones de los hombres responderá a la Verdad que Yo soy.
Así esa nueva Luz será encendida en sus corazones, y la angustia de los hombres desaparecerá.

Este momento, amigos Míos, está próximo.
Este momento, hermanos Míos, está casi sobre vosotros.
¡Despertad al hecho de Mi Presencia!

¡Despertad a la promesa de vuestra liberación!

Que la Luz, el Amor y el Poder Divinos del Único y Santísimo Dios se manifiesten ahora en vuestros corazones y en vuestras mentes.
Que esta manifestación os lleve fuera de la ignorancia hacia la Luz.

# Mensaje Nº 45
*3 de Octubre de 1978*

Mis queridos Amigos, estoy verdaderamente feliz de estar una vez más con vosotros y hablaros de esta manera.


Mi Presencia se hace sentir en todo el Mundo.
Mi energía de Amor, Mi Don, crea entre los hombres un estanque de felicidad.
Sumergíos profundamente en él, amigos Míos, y, brillando con la Luz del Amor, emerged a un Nuevo Día.


Mis Maestros están trabajando para trazaros los planos para el futuro.
Tened esto presente.
La roca sobre la cual ese glorioso futuro será construido es el Amor, la Justicia y el Compartir.
Haced que vuestro objetivo sea, amigos Míos, uniros con aquellos para quienes estos aspectos son divinos.
Cread entre vosotros un muro de Luz contra el cual el mundo golpeará en vano.


Mi Ejército avanza.
Mis Lugartenientes conocen el resultado de la batalla y el Plan de Acción.
Esa acción os concierne a todos, porque a través de vosotros, amigos y hermanos Míos, debe ser hecho el Nuevo Mundo.
Tomad entonces parte en este valiente trabajo y mostrad vuestro valor.
Mi Amor os sustentará.
Mi Ley os guiará.
Mi corazón os envuelve siempre.
Amigos Míos, no tengáis miedo – no hay nada que temer salvo vuestro propio temor.

Que la Luz, el Amor y el Poder Divinos del Único y Santísimo
Dios se manifiesten ahora en vuestros corazones y en vuestras
mentes.
Que esta manifestación os guíe en la batalla, y, con vuestros hermanos, a la victoria.

92

# Mensaje Nº 46
*10 de Octubre de 1978*

Mis queridos amigos, estoy feliz de estar otra vez con vosotros.


Amigos Míos, Me siento feliz, también, de deciros que Mi trabajo prosigue según el plan.

Todo marcha bien y pronto Mi rostro y Mi voz serán conocidos por vosotros.

Que esta manifestación libere en vosotros esa aspiración que Yo sé brilla siempre en vuestros corazones.

Que podáis aceptar y trabajar estrechamente conmigo por vuestros hermanos.

Mi mayor necesidad hoy es que aquellos que comparten Mi visión acepten la responsabilidad de la acción.

Hay muchos millones en el mundo que conocen la necesidad del hombre, que tienen esa visión, pero no conocen la urgencia de la situación.

Yo confío en todos aquellos con un conocimiento de las necesidades de sus hermanos, una solidaridad con los sufrimientos de tantos, y una voluntad para cambiar todo eso.

Que os encontréis entre aquellos que Yo pueda llamar, que juntos podamos entrar en un mundo nuevo y mejor.


Mi corazón responde a la vibración de vuestra aspiración.

Mi Amor enciende ese fuego.

Amigos Míos, transformadlo en una hoguera y venid conmigo.

Manteneos firmes en vuestra visión de lo que puede ser, y revelad el Dios que está dentro de todos vosotros.


Que la Luz, el Amor y el Poder Divinos del Único y Santísimo Dios se manifiesten ahora en vuestros corazones y en vuestras mentes.

Que esta manifestación os lleve a ser siempre conscientes de vuestra identidad con Dios.

# Mensaje Nº 47

*24 de Octubre de 1978*

Mis queridos amigos, una vez más estoy con vosotros y estoy feliz que así sea.


Muchas son las formas en las cuales podéis reconocerme.

Buscadme, amigos Míos, como un Instructor de hombres, que diseña las posibilidades del Nuevo Tiempo.

Recordad que soy un Hombre entre los hombres, así como un verdadero Hijo de Dios.

Mis Maestros, también, son Hombres sencillos y como tales vienen a vivir con vosotros.

Nada Nos separa de vosotros; viviremos y trabajaremos entre vosotros como Hermanos.

Recordad esto y no busquéis Dioses.


Mis Enseñanzas serán realmente sencillas, os mostrarán el camino hacia Dios a través del Amor y el servicio al hombre.

Mis Planes prosiguen bien y pronto Mi rostro será conocido por vosotros.

Que podáis permitidme guiaros hacia el futuro.


Muchos ahora esperan Mi Presencia.

En todo el mundo los hombres están preparados y listos para Mi Aparición, sabiéndolo o no.

Cuando haya un número suficiente así preparado, Mi Enseñanza penetrará en sus corazones y con Alegría y Amor Me seguirán.

Mi corazón lo sabe y aligera Mi Labor.

Que estéis entre los primeros de aquellos que se acercan a Mí, a través de quienes pueda trabajar y que de esta manera puedan servir lo mejor posible a sus hermanos.

Mi amor por vosotros no conoce fin.

Que la Luz, el Amor y el Poder Divinos del Único y Santísimo Dios se manifiesten ahora en vuestros corazones y en vuestras mentes.

Que esta manifestación os lleve a estar iluminados desde vuestro propio Ser Verdadero.

95

# Mensaje Nº 48

*31 de Octubre de 1978*

De nuevo estoy con vosotros, Mis queridos amigos.

Es parte de Mi Plan revelarme progresivamente, paso a paso para dar a conocer Mi Presencia en el mundo.
Este proceso se encuentra ahora bien avanzado.
Cuando Me veáis, encontraréis a un Amigo en la necesidad, un Hermano cuyo corazón envuelve al vuestro, un Instructor que ha avanzado un poco más en el viaje de la vida, un Guía hacia ese bendito futuro el cual, amigos Míos, será vuestro.

Mis métodos, sencillos como son, están resultando eficaces.
Presenciad vosotros mismos los cambios que se están produciendo en el mundo.

Mi Súplica es el siguiente: haceros responsables de la difusión de la noticia de Mi Presencia y haced por Mí este gran trabajo.
Cuando vuestros hermanos sepan que Yo estoy con vosotros, aceptarán gozosamente vuestra noticia.
Haced esto por Mí, amigos Míos.
Hacedlo ahora.
Compartid con vuestros hermanos y hermanas en todas partes este mensaje de Esperanza, estas nuevas de Alegría, y preparadlos, también, para Mi Aparición.
De esta manera podéis servir a vuestros hermanos inconmensurablemente.

Os estoy llevando hacia una Tierra Nueva.
Cerrad filas a Mi alrededor y permitidme mostraros las glorias que os esperan.
La estructura de este tiempo futuro está ahora construida.
El plan para el futuro es cada vez más claro.
Dejad que os lleve conmigo hacia ese futuro y cubra con Luz radiante esa estructura.

Mis Bendiciones están con todos vosotros.

Que la Luz, el Amor y el Poder Divinos del Único y Santísimo Dios se manifiesten ahora en vuestros corazones y en vuestras mentes.
Que esta manifestación os lleve a veros como los Seres Divinos y gloriosos que sois.

# Mensaje Nº 49

*7 de Noviembre de 1978*

Mis queridos amigos, estoy feliz de estar otra vez con vosotros y de deciros que Mi rostro pronto será conocido.


Vuestros hermanos Me apoyan, Me dan su confianza y su amor, un amor que Yo aprecio.
Así será con vosotros, amigos Míos, cuando nos encontremos juntos.


Pronto veréis la manifestación de un gran cambio en el mundo.
Ese cambio es provocado por Mis Energías y Presencia.
No temáis, todo está bien y prosigue según el plan.


Mis Hermanos, los Maestros de Sabiduría, os conducirán adelante hacia la luz de esa Sabiduría que es Suya, revelarán para vosotros el panorama del pasado del hombre, os enseñarán las antiguas Leyes y guiarán vuestros pasos hacia el futuro.
Consideradlos como Hermanos Mayores y, confiando, dejadles mostraros el Camino Iluminado.


Mis Planes se manifiestan.
Mi corazón abraza a todos los que Me conocen, que acuden a Mí por ayuda.
Siempre será así.
Hermanos y hermanas Míos, Mi ayuda está a vuestra disposición: sólo tenéis que pedirla.
Coged Mi mano, amigos Míos, y dejad que os lleve conmigo hacia vuestra gloria.


Mi Misión comienza.
Ya mucho se ha logrado.
Pronto cambiará la marea y los hombres sentirán y responderán con alegría a Mi Presencia.
Que vuestra labor sea decir a los demás que Yo estoy entre vosotros.

Guiadlos, también, hacia la luz.

Permitidles compartir con vosotros esta realización y dadles la esperanza que necesitan.

De esta manera, amigos Míos, Me serviréis más de lo que podríais saber.


Que la Luz, el Amor y el Poder Divinos del Único y Santísimo Dios se manifiesten ahora en vuestros corazones y en vuestras mentes.

Que esta manifestación os lleve a la realización de vuestra verdadera naturaleza como mensajeros de Dios.

# Mensaje Nº 50

*15 de Noviembre de 1978*

Mis queridos amigos, estoy feliz de estar otra vez con vosotros.

Mi Misión prosigue, Mis Planes se desarrollan correctamente.
Queda poco tiempo para que veáis Mi rostro.
Vedlo como el rostro de vuestro Amigo y Hermano, que ha venido de nuevo para ayudaros.
Llevadme a vuestros corazones como Yo, Mis queridos hermanos y hermanas, os he llevado al Mío, y, trabajando juntos, reconstruyamos el mundo.
Cambiemos todo lo que es corrupto e inútil de vuestras estructuras, todo lo que impide la manifestación de vuestra divinidad.
Mostremos juntos el camino a los pequeños y sostengamos el mundo para ellos.
Os pido que Me ayudéis en Mi labor de socorro.
Ayudadme a ayudar al mundo, y realizad esta vida.

Mi Venida está planeada, es legítima y libera para vosotros el Amor y la Voluntad de Dios.
Yo soy la Manifestación tanto del Amor como de la Voluntad.
Yo soy el Guardián.
Yo soy Aquel enviado para enseñaros.
Yo soy Él que toca la Flauta.

Muchas veces antes he estado entre vosotros.
Muchas veces antes Me habéis dado vuestro amor.
Una vez más, amigos Míos, demostrad vuestra fidelidad y trabajad conmigo.

Yo soy el Legislador.
Yo escucho todas las súplicas.
Yo vengo para salvar.
Yo presto servicio.

Haceros uno conmigo y sirvamos juntos al Plan.

Mis Maestros, también, están con vosotros.
Dejadles guiaros hacia el futuro.
Apresuraos en reconocerme.
Apresuraos en servirme.
Vuestros hermanos nos llaman tanto a Mí como a vosotros.
Mi gente Me escucha.
Uníos a ellos, y manifestad lo que Yo soy a través de vosotros.

Que la Luz, el Amor y el Poder Divinos del Único y Santísimo Dios se manifiesten ahora en vuestros corazones y en vuestras mentes.
Que esta Luz, Amor y Poder os lleven a la manifestación de ese Ser Divino que en verdad sois.

# Mensaje Nº 51

*23 de Noviembre de 1978*

Mis queridos amigos, de nuevo estoy con vosotros.

Mi Misión, como ya os he dicho, es doble:
liberaos de la esclavitud de las limitaciones que os habéis impuesto, y llevaros conmigo de regreso a Dios.
Os mostraré que mediante la justa distribución de los múltiples recursos de la Tierra, todos los hombres pueden disfrutar de la generosidad de Dios.
Os mostraré, también, que el Sendero hacia Dios es verdaderamente sencillo, que vuestra Chispa Divina se manifestará a través de Mí.

Dejadme hacer este trabajo por vosotros, amigos Míos.
Dejadme guiaros hacia vuestra herencia divina.
Os mostraré maravillas de las cuales no podéis soñar.
Quitaré de vuestros ojos la venda de la ignorancia.
Arrojaré de esta Tierra para siempre la maldición del odio, el pecado de la separación.
Dejadme llevaros conmigo, amigos Míos, de regreso a vuestro Origen, a la cuna de vuestro Ser, y liberar en vosotros vuestra Divinidad.

Mis Maestros os servirán, también, os enseñarán a vivir juntos en verdadera fraternidad, en justicia y armonía.
No olvidéis, hermanos Míos, que sois Uno, que el Padre de Todo os ha creado a Su divina imagen, que a través de vosotros brilla la misma bendita luz de Amor y Verdad.

Se acerca el momento, amigos Míos, en que la Luz de la Verdad brillará en todas partes alrededor de vosotros, cuando el hombre lleve a su hermano a su corazón y lo conozca como a sí mismo.
Dejadme guiaros, amigos Míos, hacia ese bendito estado.
Decid sí a Mi Advenimiento.

Decid sí a Mi Venida, y sed envueltos con la bendición de Mi Amor.

Que la Luz, el Amor y el Poder Divinos del Único y Santísimo Dios se manifiesten ahora en vuestros corazones y en vuestras mentes.
Que esta manifestación os lleve a veros, juntos, como hijos del Único Padre.

# Mensaje Nº 52
*28 de Noviembre de 1978*

Mis queridos amigos, estoy feliz de estar otra vez con vosotros.


Mis Planes están consiguiendo sus efectos, y muchos hoy están asombrados ante los cambios que se producen.

Así, tranquilamente, afecto al equilibrio del mundo.

Mis energías de Amor y Voluntad crean un depósito de Verdad del cual todos los hombres pueden beber.

Mantened abierto vuestro corazón a esta Corriente Superior y convertíos en un canal para Mí.

Yo necesito muchos así.


Los problemas de la humanidad son reales pero tienen solución.

La solución está en vuestras manos.

Tomad la necesidad de vuestro hermano como la medida de vuestra acción y solucionad los problemas del mundo.

No hay otro camino.


La humanidad hoy se enfrenta a un dilema de verdad – marchar conmigo hacia el futuro o para siempre hacia la desesperación.

Situaos detrás de Mí en Mi Labor y permitidme conduciros por el Camino Iluminado.

Mis Maestros os ayudarán, y juntos en Libertad y Confianza todos los hombres recibirán las Bendiciones de Dios.


Mis Planes se manifiestan, y pronto, en forma plena y física, Me conoceréis y, confiando, Me seguiréis.

No os sorprendáis si Mis palabras os son familiares, muchas veces antes habéis escuchado la necesidad de Amor.

Sin embargo, muchos hoy día están desprovistos de este aspecto divino y perecen por millones.

Por consiguiente, amigos Míos, Mis palabras resonarán en vuestros oídos:

"Amad a vuestro hermano, atended su necesidad; dad de vuestra abundancia y restaurad la alegría en el mundo."

Que la Luz, el Amor y el Poder Divinos del Único y Santísimo Dios se manifiesten ahora en vuestros corazones y en vuestras mentes.
Que esta manifestación os lleve a ser conscientes de vuestra identidad con vuestros hermanos y Dios.

# Mensaje Nº 53



Mis queridos amigos, estoy feliz de estar una vez más con vosotros.

Mis métodos están obteniendo éxito.

Mis agentes trabajan correctamente y bien, y todo prosigue según el plan.

Mi plan es permanecer en Mi centro hasta que se haga Mi Declaración.

Luego comenzará Mi recorrido por los países del mundo, y todos los hombres verán Mi rostro.

Cuando Yo mismo me presente ante vosotros, os pediré vuestra lealtad, vuestra ayuda en el servicio a vuestros hermanos.

Ya conozco aquellos con quienes puedo contar.

Mi labor será llevaros en un viaje hacia la Verdad, hacia la Tierra Bendita del Amor, y allí mostraros a vosotros mismos como Dios.

Mis Maestros, igualmente, os tomarán de la mano y os conducirán a Sus divinos pies.

Mostremos juntos al mundo:

que la necesidad de la guerra ha terminado;

que el instinto del hombre es vivir y amar;

que el odio nace de la separación;

que la Ley de Dios vive en el hombre y es fundamental a su naturaleza.

Todo esto os mostraré.

Trabajad conmigo y probad que esto es verdad.

Yo soy el Portador del Amor de Dios.

Yo soy el Administrador de la Voluntad de Dios.

La Luz de Dios mora en Mí y esa Luz Yo dirijo a vosotros.

Creced en ella, amigos Míos, y brillad con la Gloria de Dios.

Mi plan es revelarme de tal modo que pocos en realidad no sabrán quién soy Yo.
Por tanto estad atentos a Mi Presencia.
Buscad Mi rostro y palabras y escuchadlas pronto.

Mi Bendición está con todos vosotros.

Que la Luz, el Amor y el Poder Divinos del Único y Santísimo Dios se manifiesten ahora en vuestros corazones y en vuestras mentes.
Que esta manifestación os lleve a estar siempre conscientes de vuestra semejanza con Dios.

# Mensaje Nº 54
*14 de Diciembre de 1978*

Mis queridos amigos, estoy feliz de estar con vosotros una vez más y de compartir con vosotros Mis pensamientos para el futuro del hombre.

El hombre tiene mucho que recorrer, porque el hombre proviene del más elevado Origen.
Dentro de todos los hombres se encuentra un Dios.
Ese Dios es vuestro verdadero Ser.
Mi labor será liberar en vosotros ese Ser Divino, y así completar un Plan Divino.

No hay nada más simple que Dios, porque detrás de todas las cosas se encuentra ese principio divino.
Cuando el hombre vea esto alcanzarán su verdadera grandeza, y de él, entonces, fluirá una corriente creativa.
Mi plan es mostraros, paso a paso, la manera de manifestar ese principio divino y así conduciros a vuestro Origen.
Si los hombres Me aceptan alcanzarán la verdad de su Divinidad, y en la luminosa vestimenta de esa Verdad serán revelados como Dios.
Esa Promesa Yo hago solemnemente.

Ayudadme, amigos Míos, a hacer este trabajo por vosotros.
Revelad, ahora, el Espíritu de Dios que ya brilla dentro de vosotros, y juntos en la Verdad reconstruyamos este mundo.

Que la Luz, el Amor y el Poder Divinos del Único y Santísimo Dios se manifiesten ahora en vuestros corazones y en vuestras mentes.
Que esta manifestación os lleve a ser revelados como los Dioses que sois.

# Mensaje Nº 55
*19 de Diciembre de 1978*

Mis queridos amigos, estoy feliz de estar con vosotros una vez más y de añadir Mis buenas nuevas a estas alegres fiestas.

Amigos Míos, estoy con vosotros aquí esta noche de cierta manera, pero pronto seréis conscientes de que Yo, Maitreya Mismo, vuestro Hermano Mayor, estoy entre vosotros.
Cuando Me veáis sabréis que el punto decisivo ha sido alcanzado, que Mis Fuerzas están congregadas en gran número, y que la victoria está asegurada.

Mi Plan es difundir en el mundo Mi sencilla Enseñanza de la Verdad:
que los hombres son Uno, todos hermanos;
que Dios ama a todos los hombres por igual;
que la naturaleza proporciona el sustento para que todos compartan;
que, viniendo como Yo lo hago del pasado de la humanidad, conozco las respuestas al dilema del hombre.
Os mostraré las sencillas maneras de cambiar, de relacionarse correctamente unos con otros, de manifestar correctamente la Voluntad de Dios.

Mi plan es mostraros esto y liberaros de vuestras limitaciones.
El camino que hay por delante no es fácil, amigos Míos, pero con vuestra ayuda, todo se hará bien para la humanidad.

Animaos, Mis queridos amigos, con estas palabras, y estad seguros de Mi ayuda y fuerza.

Que la Luz, el Amor y el Poder Divinos del Único y Santísimo Dios se manifiesten ahora en vuestros corazones y en vuestras mentes.

Que esta manifestación os lleve a percibir la necesidad de vuestro hermano, y, percibiendo eso, proporcionarle servicio.

# Mensaje Nº 56
*9 de Enero de 1979*

Mis queridos amigos, estoy feliz de estar tan cerca de vosotros una vez más.


Amigos Míos, hoy estoy con vosotros de tal manera para recordaros Mi Presencia, y también de vuestra labor en las semanas y meses próximos.

Hay muchos ahora en todos los rincones del mundo que perciben que Yo estoy aquí; que estudian los acontecimientos y sacan conclusiones; que ven los cambios que aumentan diariamente, y leen las señales manifiestas en el mundo.

Pero muchos aún están ciegos a la realidad de Mi Presencia entre vosotros, y Me agradaría que remediaseis este estado.

Enseñad a vuestros hermanos la verdad de Mi Venida, la verdad de Mi Partida hace ya mucho tiempo, y la Promesa que ahora traigo.

Decidles que Maitreya, su Hermano, el Mayor de ellos, está con ellos una vez más.

Decidles que pronto, por ellos mismos, Me verán y oirán Mis palabras, y se alegrarán en Mi Presencia.

Decidles que he venido para enseñar las sencillas Leyes de Dios, para enseñar a los hombres a compartir, para guiarles hacia la Luz de la Verdad, y para establecer entre ellos una vasta red de Luz Divina.


Vosotros, amigos Míos, podéis ayudarme en esta labor.

Ocupad vuestro puesto a Mi lado.

Guiad a vuestros hermanos hacia esa Luz, y mostrad que para todos los hombres existe un futuro adornado con la Gloria de Dios, un futuro otorgado a todos los hombres.

Decid a vuestros hermanos esto, Amigos Míos, y haced sitio en sus corazones para Mi Luz y Amor.

Preparad el terreno ante Mis pies.

Sustentad Mi Labor, y servíos la Felicidad.

Que la Luz, el Amor y el Poder del Único y Santísimo Dios se
manifiesten ahora en vuestros corazones y en vuestras mentes.
Que está manifestación os lleve a estar siempre abiertos a la influencia de los agentes de Dios.

# Mensaje Nº 57
*16 de Enero de 1979*

Mis queridos amigos, estoy feliz de estar una vez más con vosotros.

Con el año 1979 comienza una nueva fase de la vida de la humanidad.
Mi Presencia está produciendo tales cambios que nadie excepto los más ciegos negará, dentro de poco, Mi Existencia entre vosotros.

Mi trabajo prosigue con normalidad y correctamente, y todos los aspectos de Mi Plan están siendo realizados.
Sin embargo, todavía queda mucho por hacer, y Yo os pediría que llevarais a cabo esta labor:
Decid a los hombres en todas partes que creéis que el Instructor de la humanidad está entre ellos.
Decidles lo que sabéis de Mis planes y proyectos, e iluminad sus vidas.
Difundid Mis Palabras por todo el mundo y alcanzad los corazones de vuestros hermanos.
Ayudadles, también, a participar en una gran manifestación del Amor de Dios, y despertadles a la promesa del futuro.
Haced esto por Mí, amigos Míos, y realizaréis una acción de la cual siempre podréis estar orgullosos.

El punto central de Mi Plan es evocar en los hombres el deseo de compartir, porque sobre este principio reposa todo lo demás.

Compartir, amigos Míos, es un atributo de Dios.
Para convertiros en los Dioses que sois, este principio debe gobernar vuestras vidas.
Permitidme recordaros esta sencilla verdad una vez más, y mostraros el sendero hacia el futuro.
Mis Bendiciones están con todos vosotros.

Que la Luz, el Amor y el Poder Divinos del Único y Santísimo Dios se manifiesten ahora en vuestros corazones y en vuestras mentes.
Que esta manifestación os permita enseñar la verdad a todos los que encontréis.

# Mensaje Nº 58
*23 de Enero de 1979*

Mis queridos amigos, estoy verdaderamente feliz de estar otra vez con vosotros.


Mi Ley está comenzando a cumplirse.
Los caminos del hombre están cambiando.
Esto lo veo más claramente, quizá, de lo que vosotros podéis, pero, si Me creeréis, es así.


Todo lo que digo esta noche se refiere a la creación de una nueva estructura de vida para la humanidad.
Una nueva civilización debe ser construida sobre las ruinas de la antigua.
Aquello que sea precioso y merezca ser preservado lo será, pero todo lo que obstaculice la manifestación de la verdadera grandeza del hombre debe ser desechado.
Está llegando el momento, amigos Míos, en el cual veréis alrededor vuestro ciudades bellas, resplandecientes creaciones de Amor, y toda la manifestación de los sueños del hombre de sí mismo como Dios.
Así será.


Muchos son los caminos hacia la perfección, pero los caminos sencillos son los mejores.
Mi camino, el Camino del Amor, llevará al hombre más rápidamente hacia su Origen.
Si podéis ver esto, avanzaréis por un Sendero infalible y verdadero, y para todos los hombres es así.


Cuando Me veáis, sabréis que ha llegado el momento de empezar este trabajo de cambio, de construir lo nuevo, creando formas y estructuras que os revelarán unos a otros como los Dioses que sois.
Mis Maestros os ayudarán en este trabajo y Yo guiaré.

Mi Plan es que Me veáis pronto.

Con vuestra ayuda esto puede ser así.

Yo preciso la creación de una cierta confianza, una expectativa y esperanza.

De esta manera ninguna fuerza será necesaria.

Mi Ley prohíbe tal fuerza.

Por tanto, amigos Míos, la labor queda en vuestras manos.

Haced saber el hecho de que Yo estoy entre vosotros y cread el clima en el cual pronto pueda ser visto.

Esto no es tan difícil como podáis pensar, porque la humanidad hoy día está al borde de la revelación de su verdadera naturaleza y valor.

Mi Presencia entre vosotros hace que esto sea así.

Vuestros hermanos os agradecerán el trabajo que hacéis.


Mi Bendición está con todos vosotros.


Que la Luz, el Amor y el Poder Divinos del Único y Santísimo Dios se manifiesten ahora en vuestros corazones y en vuestras mentes.

Que esta manifestación os lleve hacia el verdadero sentido de vosotros mismos como Mis mensajeros.

# Mensaje Nº 59
*30 de Enero de 1979*

Mis hermanos y hermanas, feliz estoy de estar una vez más entre vosotros y de revelaros Mis intenciones y planes.

Mis queridos amigos, estoy a punto de aparecer entre los hombres bajo una forma totalmente nueva y más poderosa.
Muchos que Me ven ahora se preguntan en sus corazones de dónde vengo.
Muchos ven en Mí la realización de sus sueños y esperanzas.
Mi Amor penetra sus corazones y con alegría Me dan su fidelidad.
A mayor escala, también, esto será cierto, porque, cuando los hombres Me vean tal como Yo soy, Me amarán y escucharán Mis palabras.
No temáis: los hombres Me seguirán por el amor en sus corazones hacia sus hermanos, porque es por todos los hombres en todas partes que Yo hablaré.

Conocedme por la sencillez de Mi expresión.
Conocedme por el Amor de Mi corazón,
por Mis acciones de ayuda,
por Mi Llamada a todos los hombres a compartir y vivir en paz.
Conocedme así, amigos Míos, y dadme vuestra ayuda.
Necesito no sólo vuestra fe, sino también vuestra disposición a trabajar para la revelación del Plan de Dios.
Ese Plan Sagrado Yo os revelaré, y juntos en el Amor lo veremos cumplido.

Mi plan es presentarme al mundo tan rápidamente ahora que nada que impida vuestra participación en este trabajo debe permitírsele que obstaculice.
Haced que vuestra principal labor sea informar a vuestros hermanos y hermanas por todo el mundo del hecho de Mi Presencia, y cread en ellos la alegría que conocéis.
Mi labor será hablar como el portavoz de todos los hombres en todas partes;

expresar por ellos sus esperanzas y deseos para una vida mejor y más sana;
para la reorganización de esas estructuras que impiden la manifestación de la verdadera divinidad del hombre.


Esa es Mi Labor, queridos amigos Míos, y esa labor ligera y gustosamente llevo sobre Mis hombros.
Con vuestra ayuda, se logrará. Buenas noches, queridos amigos Míos.


Que la Luz, el Amor y el Poder Divinos del Único y Santísimo Dios se manifiesten ahora dentro de todos y cada uno, cuya Luz Interior veo ahora.

# Mensaje Nº 60
*6 de Febrero de 1979*

Mis queridos amigos, estoy feliz de estar entre vosotros una vez más de esta manera.


Queridos Míos, Mi Súplica es esta:
Dad a conoced el hecho de Mi Presencia entre los hombres y sed responsables de la rapidez de Mi Emerger.
Mi labor es haceros pasar por las Puertas de la Iniciación, conduciros hacia lo alto a la Luz y de regreso al Origen del cual procedéis.
Mi intención es proseguir inmediatamente Mi camino, llevaros, aquellos que estén preparados, ante el Padre, y mostraros Su rostro.


Me gustaría que supierais que mucho depende de vosotros, de vuestra habilidad para crear la necesaria esperanza y expectativa para Mi Aparición.
Cuento con vosotros para hacer este trabajo por Mí y así servir a vuestros hermanos y a Mí.


Vine antes como un Hombre incomprendido y rechazado por muchos.
Vuelvo hoy, no para conquistar sino para guiar;
para mostrar a los hombres su verdadera naturaleza como hijos de Dios;
para mostrar a los hombres que ellos han venido de un lugar realmente elevado, y así tienen mucho que recorrer.


Yo soy los Medios y el Camino.
Yo soy el Fruto de los Trabajos de Dios.
Yo construyo el Templo del Amor.
Yo acepto aquellos que están preparados.
Yo amo a todos los hombres.
Llevad aquello que Yo soy dentro de vuestro Ser y revelad al Dios interno.

Yo conozco el Plan de Dios.
Yo enseño a todos los hombres.
Yo revelo la Verdad.
Yo traigo una Nueva Luz.
Yo creo el Nuevo Mundo a través de los hombres.
Yo soy el Principio y el Fin.
Yo soy el Amor de Dios.
Yo soy el Alma de la Creación.
Yo soy Dios hecho Carne.
Yo soy Todas las Cosas.


Yo soy vuestro Corazón.
Yo soy vuestro Gozo.
Yo soy vuestro Propósito.
Yo soy otorgado a vosotros.


Que la Luz, el Amor y el Poder Divinos del Único y Santísimo Dios se manifiesten ahora en vuestros corazones y en vuestras mentes.
Que esta manifestación quite de vuestros ojos la venda de la ignorancia.

# Mensaje Nº 61



Mis queridos amigos, estoy verdaderamente feliz de estar entre vosotros una vez más de esta manera, y de revelaros parte de Mis Planes.

Dentro del grupo donde habito hay algunos que Me conocen por lo que Yo soy, pero es Mi intención no revelar durante cierto tiempo Mi verdadera condición.

Esto os permitirá que Me consideréis como a Uno de vosotros, un Hombre entre los hombres.

Nada de lo que Yo haga parecerá extraordinario.

Nada de lo que Yo diga será raro o extraño.

Sencillo en realidad será Mi acercamiento.

Con este hecho podéis contar.

Como un Hermano entre hermanos hablaré por todos vosotros, expresaré en voz alta vuestras aspiraciones y esperanzas;

daré a conocer el deseo de todos los hombres por un mundo en paz,

por una justa y noble disposición a compartir,

por la creación de una sociedad basada en la libertad y el amor.

Por Mi enunciación de estos principios Me conoceréis y descubriréis.

Mi intención es revelarme pronto y por la vía más corta.

Si fallase todo intento, emergeré en un mundo dispuesto pero no preparado; un mundo que aún no sabe que Yo estoy entre vosotros.

Pero sería mucho mejor para Mí presentarme ante vosotros como el Esperado, el Enviado por Dios para conduciros a vuestra futura gloria.

Muchos saben esto, pero muchos más ignoran los verdaderos hechos de esta época.

Apelo solemnemente a vosotros, por tanto, Mis queridos amigos, para que deis a conocer el hecho de Mi Presencia entre vosotros y allanéis Mi camino.

Mis cargas son en verdad pesadas.
Estas cargas pueden ser aligeradas por vuestro trabajo. Confío en vosotros para que actuéis acordemente.
Juntos completaremos el Plan.

Mis Bendiciones están con todos vosotros.

Que la Luz, el Amor y el Poder Divinos del Único y Santísimo Dios se manifiesten ahora en vuestros corazones y en vuestras mentes.
Que esta manifestación os lleve a estar siempre conscientes de vuestro verdadero propósito como servidores del Plan.

# Mensaje Nº 62
*21 de Febrero de 1979*

Mis queridos amigos, estoy feliz de estar entre vosotros una vez más.

Felices Míos, alegres Míos, Yo veo ahora en vuestro interior el brillo de la Luz de la Verdad, la verdad de Mi Presencia entre vosotros.
Esa Luz la avivaré en un fuego de gloria en esta bendita época venidera.

Mis Maestros, también, están entre vosotros y os mostrarán la manera de manifestar vuestros dones divinos, aquellos que yacen latentes dentro de vuestros corazones.
Amigos Míos, estoy más cerca de vosotros de lo que podríais saber, porque Yo estoy en el corazón de todos aquellos que aman a sus hermanos, de todos aquellos que desean compartir y liberar la luz de la Justicia y la Libertad en el mundo.

Yo estoy dentro de vosotros ahora.
Me veo a Mí Mismo, Aquello que Yo soy, dentro del loto de vuestros corazones, revestido de los colores de vuestra aspiración, y de esto Yo recibo gran alegría.
Es esa Luz en vuestro interior la que Me ha llevado a vosotros.
Dejad que se manifieste fuera con toda su fuerza y gloria e ilumine para Mí un sendero en el mundo.

Mi labor es llevaros, amigos Míos, ante el Padre, ante el Trono Dorado de Aquel que Resplandece, para allí presentaros a Él y estableceros en Nuestras Filas.
Mi Profecía se mantiene: Llevaré ante el Padre a todos aquellos que estén preparados en esta época venidera.
Esa es la Labor que Me ha sido asignada por Aquel al que juntos servimos.

Mi objetivo es presentarme al mundo de tal modo que nadie pueda confundirme con otro que no sea Yo.

Que estéis alertas y despiertos, Me veáis pronto, agrupéis vosotros y otros a Mi alrededor, y Me permitáis trabajar a través vuestro.

Queridos Míos, tengo necesidad de todos aquellos que estén dispuestos al sacrificio, el simple darse a sí mismos por amor a sus hermanos.

Haced esto por Mí y por ellos, y restableced en el mundo los Caminos de Dios.

Mi Bendición está con todos vosotros.

Que la Luz, el Amor y el Poder Divinos del Único y Santísimo Dios se manifiesten ahora en vuestros corazones y en vuestras mentes.

Que esta manifestación os lleve a expresar Aquello que Yo soy.

# Mensaje Nº 63

*28 de Febrero de 1979*

Mis queridos amigos, estoy verdaderamente feliz de estar entre vosotros de esta manera una vez más.

Amigos y hermanos Míos, estoy feliz, también, de deciros que Mi Emerger en plena y pública visión ha comenzado.
Por vosotros mismos, pronto, por tanto, veréis que el Príncipe de la Paz ha regresado;
que vuestro Hermano de Antaño, una vez más, camina entre los hombres;
que el Predicador ha vuelto en una nueva forma, pero es esencialmente el Representante de Dios.

Cuando Me veáis sabréis, amigos Míos, que el Nuevo Tiempo verdaderamente ha comenzado: el tiempo de construir las nuevas señales para el futuro;
la época para establecer entre todos los pueblos correctas relaciones y confianza;
para avanzar juntos en la Armonía y el Compartir, iluminando un sendero para aquellos que seguirán.

Cuando Me veáis, sabréis esto.
Sabréis, también, que Yo vengo, no como un Dios omnipotente para reinar, sino sencillamente, como un Hermano Mayor, para mostraros el camino.
Cuando hayáis comprendido Mi intención, veréis que ese camino conduce directamente hacia Dios, porque es el Camino planeado para vosotros desde el principio.
Ningún hombre, en toda la historia del mundo, ha llegado a su Origen por otra vía.

Mis amigos, hermanos y niños, sabed que esto es cierto y seguidme.
Seguid Mis pasos hacia la Luz del futuro que hoy llama a todos los hombres.

Dejadme conduciros hacia Ella, y abrazados juntos en el Amor, saludaremos al Padre de Todo.

Con Su ayuda, esto será así.


Mi intención es mostrarme más abiertamente tan pronto ahora que queda poco tiempo realmente para informar a vuestros hermanos de Mi Presencia.

Id, con una voluntad, Amigos Míos: a dar a conocer vuestra creencia de Mi Regreso entre vosotros, y a encender dentro de los corazones de todos la Luz de la Verdad.


Que la Luz, el Amor y el Poder Divinos del Único y Santísimo Dios se manifiesten ahora en vuestros corazones y en vuestras mentes.

Que esta manifestación os lleve a estar siempre imbuidos de la verdad del Espíritu de Dios.

# Mensaje Nº 64
*6 de Marzo de 1979*

Mis queridos amigos, estoy feliz de estar una vez más entre vosotros.

Mi Emerger prosigue. Mi rostro es conocido por un número creciente de hombres en el centro de Mi elección, y pronto muchos de vosotros, por vosotros mismos, sabréis que Yo estoy aquí.

Mi mensaje de esta noche es este: preparad a todos aquellos que no saben aún que Yo he vuelto para Mi Presencia entre ellos.
Liberad en ellos la esperanza que Mi Regreso crea y realizad por Mí y por ellos un servicio incalculable.
Mi necesidad es grande de aquellos que ven la promesa y los peligros de la época.
Confío en vosotros, Mis hermanos y hermanas,
para trabajar por Mí de este modo,
para disipar en el mundo el peligro de la guerra,
para aliviar el hambre de muchos,
y restablecer el bienestar en el mundo.

Mi Enseñanza, aunque sencilla, os mostrará la necesidad de compartir, de la creación de un fondo de recursos de donde todos los hombres puedan servirse, la sustitución de la codicia por la cooperación y la confianza, la manifestación de la divinidad interior de los hombres.
Esta manifestación, amigos Míos, debe proseguir, porque sin ella, el futuro del hombre sería verdaderamente sombrío.
Una crisis de decisión aguarda a la humanidad.
Mi Amor crea una polaridad de puntos de vista; esa es la Espada que Yo empuño.
Amigos Míos, sabed bien donde os halláis y recibid Mi Luz.
Tened cuidado donde ponéis vuestros pies: sobre los peldaños que conducen al mañana o – al olvido.

Hombres y mujeres del mundo, Mis hermanos, Mis niños, Yo apelo a vosotros: tomad el sendero ascendente hacia la luz de la Verdad que Yo traigo, y sed capaces de manifestar los Dioses que sois.
Muchos hay ahora que saben que este es el único sendero para el hombre.
Dad a conocer dónde, amigos Míos, os encontráis actualmente.

Mis Bendiciones están con todos vosotros.

Que la Luz, el Amor y el Poder Divinos del Dios Eterno se manifiesten ahora en vuestros corazones y en vuestras mentes.
Que esta manifestación os lleve a la expresión de vuestra verdadera naturaleza como Dioses luminosos.

# Mensaje Nº 65
*13 de Marzo de 1979*

Mis queridos amigos, estoy verdaderamente feliz de estar otra vez con vosotros, deciros algo sobre Mis planes y cómo os afectarán en este tiempo venidero.


Mi plan es emerger rápidamente, y, manteniendo un cierto ritmo, dar a conocer Mi Presencia al mundo.

En Mi centro, ya se han dado pasos que han permitido a muchos de vuestros hermanos y hermanas ver Mi rostro, oír Mis palabras, responder a Mi Presencia y Llamada a la Acción.

Grande, en efecto, ha sido el entusiasmo de vuestros hermanos, lo que es un buen presagio para el futuro de Mi Misión.

Cuando vosotros mismos, Me veáis, me siento seguro, que responderéis igualmente, porque dentro de todos vosotros se asienta la misma Luz de la Verdad, de Justicia y Libertad que yo despierto en todos aquellos que Me escuchan.

Por tanto, amigos Míos, no temáis que la humanidad Me vaya a rechazar.

Mis Planes están seguros en vuestras manos.


Mi Venida transformará este mundo, pero el principal trabajo de restauración debe ser realizado por vosotros.

Yo soy el Arquitecto, sólo, del Plan.

Vosotros, amigos y hermanos Míos, sois los dispuestos constructores del Resplandeciente Templo de la Verdad.

Yo os daré la Llave de ese Templo, y entrando allí conoceréis a Dios.


Mis Maestros esperan, también, vuestra respuesta a Su orientación. Dadles vuestra confianza y dejadles que os guíen hacia el Nuevo Amanecer, compartiendo juntos los productos de la Tierra, conociendo juntos la alegría de la Fraternidad, manifestando juntos la divinidad dentro de todos vosotros.

El tiempo es realmente corto hasta que Me veáis.

Aprovechad lo mejor posible este escaso tiempo para preparar Mi camino, para enseñar a todos aquellos que encontréis las palabras de Verdad que yo os envío.

Guiadles, también, al Sendero de Luz y la Promesa que Mi Regreso trae al mundo.

Mi Emerger en plena visión es inminente.

Vigilad y esperad y no os durmáis.


Que la Luz, el Amor y el Poder Divinos del Único y Santísimo Dios se manifiesten ahora en vuestros corazones y en vuestras mentes.

Que esta manifestación os lleve a buscar y hallar a ese Ser Esencial que siempre habéis sido.

# Mensaje Nº 66
*20 de Marzo de 1979*

Mis queridos amigos, estoy feliz de estar una vez más con vosotros de esta manera.


Mi Misión prosigue; todo lo que espero se está cumpliendo, y augura un buen futuro.

Mi plan es presentarme a la gente del mundo en un tiempo tan corto que pocos realmente dudarán de Mi Presencia.

Mis palabras os enseñarán los Caminos de Dios, el camino a seguir hacia el futuro bendito que Yo veo ante vosotros.

Hacia la luz de los sueños más elevados del hombre Yo os llevaré.

El Sendero de la Fraternidad os otorgará esto.


Mi plan es realizar dentro de vosotros aquello que verdaderamente sois, mostraros que provenís de la Divinidad Misma, y que a ese Origen Divino debéis regresar.

Mi Misión os facilitará ese paso, ese largo viaje de regreso a vuestra legítima herencia.

Cuando nos encontremos como hermanos, amigos Míos, encontraréis en Mí a un Instructor y Guía que conoce bien el camino, porque hace tiempo Yo hice ese mismo viaje, y sé de memoria las señales del camino.


Estad seguros de no perderme.

Mirad bien, amigos Míos, porque Mi aparición puede sorprenderos.


Como un Hombre sencillo, realmente, Yo estoy ahora entre vosotros, enseñando a Mis amigos y hermanos en el camino, dándoles Mis Dones de Amor, Sabiduría y Alegría, reuniéndolos a Mi alrededor como hermanos en el trabajo.

Vosotros, igualmente, queridos amigos Míos, podéis contar con el conocimiento de que vuestro trabajo por Mí y por vuestros hermanos es bienvenido realmente.

Yo os necesito a todos, a todos los que tomarán sobre sí mismos
la carga del servicio al mundo, de crear nuevamente este mundo
resplandeciente del caos del pasado.
Mis Bendiciones están con todos vosotros.


Que la Luz, el Amor y el Poder Divinos del Único y Santísimo
Dios se manifiesten ahora en vuestros corazones y en vuestras
mentes.
Que esta manifestación os lleve a veros como Mis colaboradores,
hermanos en la Luz.

# Mensaje Nº 67
*18 de Abril de 1979*

Mis queridos amigos, una vez más tengo el placer de hablaros de esta manera.


Mi placer es doble porque veo entre vosotros a tantos en los cuales brilla la Luz de la Verdad.
Grande es la alegría que esto Me proporciona.


Amigos Míos, hermanos y hermanas Míos, todo prosigue según el plan.
Hoy existe en este mundo el cumplimiento de las Profecías de Antaño.
Mi Presencia es un hecho.
Mi Amor abunda.
Mi Voluntad Creativa planea vuestra gloria futura.
La tendencia hoy es rechazar lo que es sencillo, aferrarse a lo complejo, lo erudito y vago; pero todo lo que se refiere a la Verdad, amigos Míos, se descubrirá que es sencillo realmente.
Por tanto Yo soy un Hombre sencillo.
Cuando Me veáis sabréis esto, y sonriendo Me acogeréis como a un Hermano.


Muchos hay que temen Mi Advenimiento.
La culpa del pasado pesa sobre sus hombros y no confían.
Amigos Míos, a través de Mí será creada la Era de la Confianza, la eliminación de la culpa, la Ciudadela del Amor.


Los hombres Me esperan con temor.
Amigos Míos, Yo no soy Dios.
Como vuestro Hermano, vuestro Amigo, vuestro Instructor, Yo vengo. No lo olvidéis.

Mis planes se revelan, Mi camino está siendo despejando.
Están aumentando a Mi alrededor quienes Me reconocen como el espíritu del Nuevo Tiempo.
Ellos Me dan su confianza y lealtad, y Yo hablo por ellos.
Cuando Me veáis, amigos y hermanos Míos, vosotros, también, podréis uniros a este conjunto de trabajadores, esta Compañía de Luz, y hacer manifiesto al Dios interior.


El tiempo ha llegado para ver y pronunciar la Verdad.
Yo respondo a la llamada.
Mi Misión restablecerá a los hombres la visión de Dios.
Ocupad vuestro lugar a Mi lado y dejadme mostraros esa visión.


Que la Luz, el Amor y el Poder Divinos del Único y Santísimo Dios desciendan ahora sobre los corazones y las mentes de todos.
A través de esta manifestación, que podáis venir rápidamente a Mi lado.

# Mensaje Nº 68
*4 de Mayo de 1979*

Estoy con vosotros una vez más, Mis queridos amigos.

Esta noche me gustaría deciros que Mi Misión se desarrolla según lo planeado.
Mi corazón envuelve a todos aquellos que aguardan Mi Venida y, con confianza, Me esperan.
Mi Luz, que brilla en su interior, los ha conducido a esta realización.
De esta manera doy a conocer Mi Advenimiento.

Vosotros, amigos Míos, tenéis una oportunidad única de servir en este momento.
Habéis recibido un mensaje de Esperanza, una declaración de la Verdad, y sobre vuestro juicio reposa vuestro futuro.
Podéis tomar el camino que lleva a la inacción estéril – ese es vuestro derecho.
Pero, amigos Míos, ¿por qué renunciar a una oportunidad de servir a vuestros hermanos y a Mí de una manera más poderosa?
Dad a conocer el hecho de Mi Presencia entre vosotros y ved la Luz de la Alegría despertarse en los ojos de vuestros hermanos.
Dejadles, también, compartir esta manifestación de Esperanza y Promesa para el mundo y ocupad vuestro lugar a Mi lado.

Pronto Me veréis.
Pronto sabréis que Aquel a Quien el mundo ha esperado ha llegado, ha regresado para servir, para guiar al hombre, si éste quiere, hacia un tiempo nuevo y bendito.

Mi agradecimiento es para aquellos que ya trabajan por Mi Causa.
Uníos con aquellos valientes y compartid este Trabajo Sagrado.
No hay por qué temer. Mis planes se manifiestan y pronto la demostración de paz envolverá al mundo.

El camino del hombre está despejado. Detrás de la humanidad hoy día se encuentran sus Hermanos de Antaño, sus Guías y Líderes, sus Hermanos Mayores.
Bajo su sabia orientación, la humanidad conocerá la Paz de Dios.


Que la Luz, el Amor y el Poder Divinos del Único y Santísimo Dios se manifiesten ahora en vuestros corazones y en vuestras mentes.
Que esta manifestación os lleve en la Luz a los pies de Dios.

# Mensaje Nº 69
*9 de Mayo de 1979*

Mis queridos amigos, estoy feliz de estar una vez más entre vosotros, y ver brillar de vosotros la luz de la Verdad.


La clave de Mi Enseñanza yace, como sabéis, en el principio de Compartir.

Todo lo que los hombres hacen y todo lo que el hombre hará depende de esta verdad sencilla y básica:

que de Aquel que llamamos Dios emana la Providencia para todos los hombres.

Aceptad esto como un hecho, amigos Míos, y entrad en vuestra divinidad.

Dentro de todos vosotros se asienta tal Dios, y a través de los hombres, juntos, puede ese Dios manifestarse.

Este es el camino planeado para vosotros desde el principio.

Cuando los hombres vean esto, conocerán la verdad de la Fraternidad.


Mi Misión progresa y establemente Mi rostro y voz se hacen conocidos.

Vuestros hermanos aceptan que un nuevo Instructor está entre ellos y que les mostrará el Sendero hacia el futuro.

De igual manera, cuando vosotros Me veáis, Mis hermanos y amigos, os uniréis a Mí en una gran manifestación del Amor de Dios y crearéis en el mundo una nueva Verdad, una nueva Luz, una nueva y resplandeciente Ciudad de Amor.

Mi labor es guiaros allí y cumplir por vosotros los requisitos de Dios.

Yo guardo las Puertas a través de las cuales todos pasan hasta Él.


Si queréis servirme y servir al mundo, haced saber, amigos Míos, que Yo estoy aquí.

De esta manera podréis construir el muro seguro de Esperanza contra el cual la ola del temor golpeará en vano.

Mis Bendiciones están con todos vosotros.

Que la Luz, el Amor y el Poder Divinos del Único y Santísimo Dios se manifiesten ahora en vuestros corazones y en vuestras mentes.

Que esta manifestación os lleve a veros a vosotros mismos como Mis discípulos y ayudantes.

# Mensaje Nº 70

*17 de Mayo de 1979*

Buenas noches, Mis queridos amigos. Una vez más, estoy feliz de estar entre vosotros de esta manera.


Mi Plan prosigue cuidadosamente y bien.
Vuestros hermanos aumentan en número alrededor Mío y a ellos doy Mi Bendición y Enseñanza.
De igual forma, a su debido tiempo, os concederé estos Dones.
Mi objetivo es extender Mi red hasta los confines del horizonte, atraer hacia Mí a todos aquellos en quienes brilla Mi Luz, para que a través de ellos pueda trabajar.
Esta recogida puede incluiros, amigos Míos, porque necesito a todos aquellos que comparten conmigo el deseo de servir al mundo.
Asumid sobre vosotros mismos la labor de socorro y compartid Mi carga.
Compartid conmigo, amigos Míos, un Gran Trabajo – nada menos que la transformación de este mundo.


Mis medios, como sabéis, son sencillos.
No necesito más instrumentos que el amor del corazón del hombre.
Esto, amigos Míos, concedido a vosotros por Aquel del cual procedéis, llevará a los hombres hacia el Origen del Amor Mismo.
Manifestadlo, hermanos Míos, y uníos a Nuestras Filas.


Yo soy el Custodio del Plan de Dios.
Yo soy la Nueva Dirección.
Yo soy el Camino para todos los hombres.
Yo guardo los Secretos de Antaño.
Yo confiero Felicidad.
Yo creo el deseo de la Verdad.
Yo hago de todos los hombres Uno.
Yo vengo para realizar Mi Verdad a través de los hombres.
Yo soy el Salvador de Antaño.
Yo soy el Instructor de lo Nuevo.

Yo soy el Guía para el Tiempo Futuro.
Yo soy la encarnación de la Ley.
Yo soy la Verdad Misma.
Yo soy vuestro Amigo y Hermano.
Yo soy vuestro Ser.

Acoged en vuestro interior Aquello que Yo soy y manifestadlo en el mundo.

Acoged en vuestro interior Aquello que Yo os concedo y cread la Ciudad de la Luz.

Manifestad alrededor vuestro Aquello que Yo declaro y convertíos en Dioses.

Que la Luz, el Amor y el Poder Divinos del Único y Santísimo Dios se manifiesten ahora en vuestros corazones y en vuestras mentes.
Que esta manifestación os lleve a estar rodeados por el Aura de Dios.

# Mensaje Nº 71
*5 de Junio de 1979*

Mis queridos amigos, estoy feliz realmente de estar un vez más entre vosotros de esta manera.


Mi Enseñanza progresa.
Vuestros hermanos responden y traen alegría a Mi corazón.
Cuando Me veáis, vosotros, también, compartiréis esta manifestación del Amor de Dios, porque Yo no soy sino el Portavoz de Aquel que Me ha enviado.


Mi Enseñanza os mostrará que no hay nada en este mundo que, si es necesario, no pueda ser alcanzado por el hombre.
El hombre es un Dios y necesita sólo manifestar esa divinidad para florecer.
Mi Presencia os garantizará que esto es así, porque Mis Hermanos, los Maestros de Sabiduría, y Yo os mostraremos las maravillas de vuestra naturaleza divina.
De esta manera percibiréis vuestro potencial y creceréis en la Luz.


Amigos Míos, estoy entre vosotros de esta manera para pediros que Me ayudéis, que divulguéis entre vuestros hermanos y hermanas la verdad de Mi Presencia, el hecho de Mi Regreso.
Permitidles compartir la belleza que esta Promesa trae, y guiadlos hacia Mí.


Mi Labor se está revelando, Mi trabajo prosigue, y pronto en plena visión Me veréis y conoceréis.
Mi labor será llevaros hacia la Luz de vuestra verdadera naturaleza, y realizar por vosotros los Dioses que sois.
Mi Labor puede ser aligerada, Mi sendero acortado, por vuestro trabajo.
Dejadme pediros, amigos Míos, que hagáis esto por Mí, y mostréis vuestro amor por vuestros hermanos.
Muchos son las formas de servir.

Elegid la que más se adapte a vosotros y servid, amigos Míos.
Por medio de este acto de servicio conoceréis a Dios.


Que la Luz, el Amor y el Poder Divinos del Único y Santísimo
Dios se manifiesten ahora en vuestros corazones y en vuestras
mentes.
Que esta manifestación os lleve al servicio para vuestros hermanos.

# Mensaje Nº 72
*12 de Junio de 1979*

Estoy de nuevo con vosotros, Mis queridos amigos, y estoy feliz que así sea.


Mis Fuerzas se están congregando a Mi alrededor.

Mi Ejército se fortalece día a día, y en formación planeada y plena marchará hacia la luz, esa Nueva Luz que Yo traigo al mundo.

Escuchad bien, amigos Míos, y oiréis el sonido de los arneses de Mis Tropas.

Escuchad bien, amigos Míos, y responded al estrépito de sus tambores.

Mi Llamada resuena. Yo llamo a todos aquellos que quieren venir conmigo.

Estoy entre vosotros, Amigos Míos, de tal manera para llamaros, también, a Mi lado.

Ocupad vuestros puestos, hermanos Míos, en esta Compañía de Luz, y compartid la alegría de la creación de un Nuevo Mundo.


Mi labor es sencilla: conduciros a una batalla por la vida.

Mi objetivo es amplio: entregaros esta Vida en abundancia.


No temáis, Amigos Míos: el resultado de esa batalla Me es conocido.

Mi Misión progresa de tal forma que la victoria ahora está asegurada.

Dejadme guiaros entonces, Amigos Míos, hacia vuestra herencia, hacia vuestra verdadera naturaleza como hijos de Dios.


Mis Maestros están ahora regresando antes de lo previsto.

Esto Les permitirá, también, compartir esta gran y última batalla por el mundo.

Nosotros estamos detrás vuestro, Mis Hermanos y Yo.

Nosotros conocemos el Camino.

Os enviamos Nuestra Fuerza.
Acoged en vuestro interior esta Armadura y mostrad vuestro valor.


Los días están contados hasta que veáis Mi rostro.
Buscad el rostro de un Amigo y Guía.


Que la Luz, el Amor y el Poder Divinos del Único y Santísimo Dios se manifiesten ahora en vuestros corazones y en vuestras mentes.
Que esta manifestación os conduzca a vuestros puestos en Nuestras Filas.

# Mensaje Nº 73



Queridos Míos, es con alegría que tomo esta nueva oportunidad de hablaros de esta manera.

Mi alegría igualmente aumenta cuando veo dentro de vosotros el Espíritu del Amor manifestarse.
Esto trae a Mi corazón una alegría que no podéis saber.
Los hombres nos consideran a Mí y a Mis Hermanos en aislamiento.
Esto, Amigos Míos, está lejos de la verdad.
Cada estremecimiento de Amor sentido en vuestro corazón es registrado en el mío.
Esta es la sencilla verdad de nuestra relación.
Sabed entonces, Amigos Míos, cuán grande es la alegría que siento cuando percibo vuestra expectación, vuestra liberación del temor y conozco vuestra confianza.

Mi camino está siendo preparado.
Haced que vuestra labor sea, Mis hermanos y hermanas, el compartir esta carga.
Cread a vuestro alrededor la atmósfera de esperanza y de confianza en la cual pronto Yo pueda entrar.
Creedme, amigos Míos, este es un Gran Trabajo realmente.
Mucho depende de la creación de este estanque de Confianza, de esta atmósfera de esperanza.

Cuando Yo os digo que Mis pies ya han andado por las calles de vuestras ciudades, esto, amigos Míos, es la verdad.
Los hombres Me son conocidos en el sentido más pleno:
Yo conozco sus esperanzas y temores.
Yo conozco sus anhelos y deseos.
Yo conozco su aspiración por el bien.
En todo esto confío.
Haced que vuestra labor declarada sea ayudarme en Mi futuro trabajo.

Que podáis convertiros en canales de Mi Amor.
De esta manera cumpliréis también vuestro destino.

Que la Luz, el Amor y el Poder Divinos del Único y Santísimo Dios se manifiesten ahora en vuestros corazones y en vuestras mentes.
Que esta manifestación os lleve a veros como Mis agentes.

# Mensaje Nº 74
*3 de Julio de 1979*

Buenas noches, Mis queridos amigos.

He venido una vez más de esta manera para deciros que Mi Misión prosigue según lo planeado.
Nada impide el progreso de este Trabajo Sagrado, y pronto, vosotros mismos, veréis el fruto de Mis esfuerzos.
Ha llegado el momento de comenzar el proceso de cambio, de transformar la vida de los hombres de tal manera que el Dios que llevan dentro resplandezca.
Esto, amigos Míos, no es difícil de cumplir porque dentro de todos vosotros reside un Ser Divino semejante.
Mi labor será evocar en vosotros esa Resplandeciente Luz, y llevaros hacia Su Origen.

Mis Maestros trabajan también en Sus diversos centros y por medio de ellos el Plan prosigue.
Mi trabajo es organizar ese Plan de tal manera que el mínimo de división ocurra.
Mucho de lo que es amado debe desaparecer.
No os aferréis a las viejas formas.
Mucho dependerá de la aptitud del hombre para renunciar a estas gastadas estructuras y crear un mundo nuevo y más sencillo.
Recordad esto.
No olvidéis que Yo vengo para cambiar todas las cosas.

Mi Venida trae paz.
De igual forma, Mi Presencia trae división.
Mi Espada, ese Amor que Yo soy, separará a todos los hombres, mostrará lo verdadero de lo falso, despejará el camino para la Nueva Luz que Yo traigo.
Que podáis soportar estos cambios y aceptar Mi Luz.

Muchas veces antes os he dicho que Mi Aparición es inminente.
Vigilad entonces cuidadosamente, amigos Míos, y no Me perdáis.
Mi Bendición está con todos vosotros.


Que la Luz, el Amor y el Poder Divinos del Único y Santísimo
Dios se manifiesten ahora en vuestros corazones y en vuestras
mentes.
Que esta manifestación os permita rápidamente escuchar Mi
Llamada.

# Mensaje Nº 75
*10 de Julio de 1979*

Mis queridos amigos, estoy feliz de estar una vez más entre vosotros de esta manera.


Traigo buenas nuevas.

Con alegría, revelo que una manifestación adicional Mía al público tendrá lugar próximamente.

Muchos más, entonces, de vuestros hermanos y hermanas se aprovecharán de este acontecimiento, y Me verán y escucharán.

El momento en que vosotros mismos podáis verme está próximo, por tanto, realmente.


Cuando Me veáis, sabréis que vuestro Amigo y Hermano de Antaño está otra vez con vosotros, que vuestro antiguo Instructor ha vuelto para revelaros una nueva página en el gran libro de la vida.

Por Mi consejo seréis capaces de transformar aquellas instituciones que necesitan cambio.

Por Mi ejemplo seréis inspirados para llegar hasta el Origen de la Vida Misma.

Por Mi Amor seréis llevados al Templo de la Verdad, y veréis a Dios.


Amigos Míos, hermanos Míos, estoy con vosotros al fin.

Durante mucho tiempo he esperado para traeros la Luz del futuro.

Mis Hermanos y Yo consideramos a este tiempo venidero como una oportunidad para el Servicio.

Nosotros, también, amigos Míos, crecemos por la manifestación de este atributo divino.

Nada proviene de Dios que no sea servir, hermanos Míos.

Aprended y creed que esto es así.


A través del servicio al hombre, el hombre llegará a Dios.

Siempre fue así.

Haced de una vida de Servicio vuestro voto para el tiempo futuro
y conoced la dicha del Amor de Dios.


Mi Propósito se revela.
Mi camino se despeja.
Mis palabras están siendo escuchadas.
Mi Amor lo abarca todo.


Que la Luz, el Amor y el Poder Divinos del Único y Santísimo
Dios se manifiesten ahora en vuestros corazones y en vuestras
mentes.
Que esta manifestación os lleve, en el servicio, a los pies de Dios.

# Mensaje Nº 76
*17 de Julio de 1979*

Mis queridos amigos y discípulos, es con placer que vengo entre vosotros una vez más de esta manera.

Mi corazón late con alegría cuando veo encima y alrededor vuestro la luz resplandeciente de Mi Verdad.
Mantenedla bien brillante, amigos Míos, y juntos trabajaremos.

Mi Presencia está evocando cambio.
Mi Ley empieza a cumplirse.
Mis Maestros regresan al mundo, y la gente espera en la expectativa de revelación.
La Nueva Verdad que Yo traigo os revelará un aspecto de la naturaleza de Dios que Yo Mismo soy.
A través de Mi Presencia, esta naturaleza se manifestará a través de aquellos que estén preparados, y ellos, Mis hermanos y hermanas, verán el rostro de Dios.
Hace mucho tiempo os dije que Dios es Amor.
Verdaderamente, esto es así.
Pero ese Amor, amigos Míos, mana de un Origen superior y Eso Yo os revelaré.

Mi Plan es presentarme ante los hombres poco a poco.
Aquellos que quisieran conocerme deben buscar un Hombre sencillo realmente, un Hermano y un Amigo, un Instructor y un Guía, un Amante de Dios y de los hombres.
Cuando Me veáis llegaréis a conocer la naturaleza de Dios como Luz y Amor y Voluntad.
Que estos aspectos divinos puedan reflejarse a través de vosotros.
Cuando esto es así, podré trabajar a través de vosotros.
Yo os necesito.
Yo os necesito a todos para compartir conmigo la reconstrucción de este mundo, para restablecer en los hombres su fe y alegría, para entregar los recursos para vivir a los necesitados de esta Tierra, y así restablecer el equilibrio.

Mi labor es enseñaros el método; la vuestra es actuar y llevar a cabo Mi Plan.
Yo sé que puedo confiar y acudir a vosotros.
Mi Amor os envuelve a todos.


Que la Luz, el Amor y el Poder Divinos del Único y Santísimo Dios se manifiesten ahora en vuestros corazones y en vuestras mentes.
Que esta manifestación os lleve rápidamente, con alegría, hacia vuestro Origen.

# Mensaje Nº 77
*26 de Julio de 1979*

Mis queridos amigos, estoy verdaderamente feliz de estar con vosotros una vez más de esta manera.


Mi Emerger se desarrolla a ritmo creciente.
Mis hermanos y hermanas, dentro de pocos días, Me verán y Me oirán.
Les hablaré de la necesidad de Amor y Justicia en los asuntos de los hombres, en los asuntos de estado, en la asociación de los pueblos; y les mostraré que sin este Amor y Justicia Divinos todos los hombres perecerán.
Mi esperanza es – mejor dicho, hermanos Míos, Mi conocimiento es – que la humanidad responderá a Mi Llamada.
Sé que es así.
Sé que dentro de los hombres se asienta un Ser Divino,
cuyo Plan es que el Amor y la Justicia triunfen.
Siendo esto así, el fin está asegurado.


Pero no todos ven la necesidad de cambio, de la transformación de este mundo, de la puesta en práctica del compartir, la cooperación y la confianza.
Cuando Mi sencilla Ley, la Ley del Amor, se cumpla, todo esto sucederá.
Por tanto, amigos Míos, Yo hablo sencillamente de Amor y Confianza.


Muchos hoy conocen que estos aspectos cuentan, pero no comprenden su puesto primordial.
Amigos Míos, toda vida depende para su existencia del Amor de Dios.
Esta simple Verdad Yo enseño.
Hacedla vuestra.
Hacedla primordial en vuestras vidas, y avanzad conmigo.

Mis Hermanos, los Maestros de Sabiduría, os mostrarán el sencillo Sendero hacia el futuro, un futuro planeado para vosotros por Aquel al que llamamos Dios.
Ese Sendero puede ser seguido por todos los hombres, y por Mi Mediación llegarán a Dios.


Estamos con vosotros, Mis Hermanos y Yo.
Os enviamos Esperanza.
Os enviamos Valor.
Os pedimos vuestra confianza.
Necesitamos vuestra lealtad.
Contamos con vuestra divinidad.


Que la Luz, el Amor y el Poder Divinos del Único y Santísimo Dios se manifiesten ahora en vuestros corazones y en vuestras mentes.
Que esta manifestación os lleve a veros como Mis colaboradores y trabajadores en la Luz.

# Mensaje Nº 78
*2 de Agosto de 1979*

Mis queridos amigos, estoy verdaderamente feliz de estar entre vosotros de esta manera y deciros que Mis Planes se revelan.


Tengo a Mi alrededor ahora a un grupo de hermanos y hermanas que Me consideran su Líder y Guía para el futuro.
A ellos les hablo de los problemas del hombre, de las imperfecciones del hombre, de la necesidad del hombre de cambiar; pero también les digo que el hombre es un Dios, un Ser Divino de Luz, que algún día será conocido como tal.


La elección es sólo del hombre.
Si elige el Sendero que Yo le indicaré,
esa divinidad brillará verdaderamente.
De lo contrario, Mis hermanos y hermanas, el futuro para el hombre sería en verdad nefasto.


Pero, amigos Míos, Yo conozco con antelación vuestra respuesta y elección.
Por medio de vuestro amor – el amor en vuestro corazón por vuestros hermanos – no temáis, queridos Míos: elegiréis correctamente.
Este amor irradiará por todo el mundo y con ello podéis contar.
Mi Presencia garantiza que esto será así.
Ya, los cambios están sucediendo en tal magnitud que la victoria está asegurada.


Cuando Me veáis, sabréis que vuestro Hermano Mayor ha dado este paso por medio del Amor a Sus hermanos.
Eso, amigos Míos, es por lo que Yo estoy ahora entre vosotros.
Pero también Me habéis llamado; vuestra llamada de ayuda ha alcanzado mis oídos, y gustosamente respondo a esa llamada.

Que este tiempo venidero os traiga el conocimiento de Mi Presencia, la visión de Mi aparición, el sonido de Mis palabras; y cuando Me veáis y oigáis, escuchadme.

Necesito de todos aquellos que anhelan servir, que desean cumplir su propósito en la vida, que ven esta vida como un paso en el camino, y aceptan el impulso del Servicio como el don más grande. Haced entonces vuestra elección: servir y seguirme, o renunciar al progreso.


Yo estoy siempre con vosotros.


Que la Luz, el Amor y el Poder Divinos del Único y Santísimo Dios se manifiesten ahora en vuestros corazones y en vuestras mentes.

Que esta manifestación os lleve en la Luz a Mi lado.

# Mensaje Nº 79
### 28 de Agosto de 1979

Mis queridos amigos, estoy verdaderamente feliz de estar con vosotros una vez más de esta manera, y deciros que Mi trabajo avanza correctamente.


Ya, muchos de vuestros hermanos en Mi centro han oído Mis palabras, han visto Mi rostro, y han respondido a Mi Llamada.
Pronto, vosotros mismos, conoceréis y despertaréis al hecho de Mi Presencia.


Cuando Me veáis, sabréis que el momento para la acción ha llegado, porque Yo cuento con vosotros, hermanos Míos, para actuar en la realización de Mi Plan.
Para muchos de vosotros, este es un antiguo y bien conocido modo de vida; sois servidores venidos para servir a vuestros hermanos.
Es como tales que Yo me dirijo a vosotros, y valoro altamente vuestra ayuda.
Sin esa ayuda voluntaria, Mi Misión sería una carga realmente.


Ahora que estoy entre vosotros, he descubierto aún con más entusiasmo que la humanidad está preparada para compartir.
Dentro de todos aquellos que Me escuchan, veo la luz ardiente de la Justicia y la Verdad.
Yo expreso simplemente sus deseos, y así evoco esa Verdad.
Así será con vosotros, amigos Míos, porque incluso cuando hablo veo brillar dentro de vosotros esta Luz Divina.
Dejadla brillar con todo su esplendor, Mis queridos amigos, y mostrad el camino a vuestros hermanos.


Mi Venida no está exenta de problemas, porque hago nacer en todos aquellos con quienes Me encuentro el sentimiento de un nuevo y misterioso futuro.
Esto causa en muchos temor, pero sin causa, amigos Míos.

Todos deberían saber que el futuro de todos los hombres, por medio de Mi Presencia, es verdaderamente radiante.
Una nueva y saludable Fraternidad florecerá entre los hombres, y la Justicia de Dios se encontrará revestida con la Gloria de Dios.
Yo vengo para enseñaros esto.
Yo vengo para mostraros el camino.
Amigos Míos, cuento con vosotros.


Que la Luz, el Amor y el Poder Divinos del Único y Santísimo Dios se manifiesten ahora en vuestros corazones y en vuestras mentes.
Que esta manifestación os lleve a veros todos como hermanos.

# Mensaje Nº 80
*6 de Septiembre de 1979*

Mis queridos amigos, estoy verdaderamente feliz de estar con vosotros una vez más de esta manera, y deciros que Mi trabajo en el mundo prosigue bien.


Todo lo que Yo me propongo ocurre.
Todo lo que Yo intento tiene éxito.
Cuando Yo Me dé a conocer sabréis que el momento de inaugurar el Plan de Dios ha llegado.
Este Plan, Mis queridos amigos, contiene en sí el futuro de todos los hombres y de todas las cosas del mundo.
Con la ayuda del hombre mismo, ese Plan se desarrollará.
Mi Presencia entre vosotros garantiza que esto es así.


Yo encarno el Plan de Dios.
Yo soy el Benefactor.
Yo llego a los hombres a través del Amor.
Yo enseño a los hombres a través de la Ley.
Yo envío Bendiciones al mundo.
Yo engendro Esperanza.
La Ciudad del Amor será construida a través Mío.


Los Maestros de Sabiduría, Mis Discípulos, están Ellos Mismos entre vosotros; lentamente ocupan Sus lugares en Sus centros.
Cuando Mi Nombre sea conocido, Sus nombres, también, serán conocidos.


Mis hermanos y hermanas, acoged en vuestro interior Aquello que Yo soy, y preparaos para ver una Nueva Luz.
Guardad en vuestro interior Aquello que os doy, y conoced el significado de la Verdad.
Liberad en vuestro interior Aquello que sois eternamente, y convertíos en Dioses.

Yo estoy entre vosotros ahora.
Yo veo vuestros sueños de Confianza y Amor.
Yo siento vuestra aspiración y esperanzas.
Yo las llevo a Mi corazón y las realizaré por vosotros.


Yo soy vuestro Mentor.
Yo soy vuestro deseo más elevado.
Yo soy vuestra luz más diáfana.
Yo soy el amor de vuestro corazón.


Yo os llevaré hacia esa Tierra Bendita que Yo llamo Amor.
Yo os mostraré a Dios morando allí, y evocaré en vosotros esa divinidad.


Manteneos firmes en vuestra Verdad.
Manteneos firmes en vuestra Luz.
Manteneos firmes, amigos Míos, hermanos Míos, en vuestro Amor.
Manifestad ese Amor y seguidme.


Que la Luz, el Amor y el Poder Divinos del Único y Santísimo Dios se manifiesten ahora en vuestros corazones y en vuestras mentes.
Que esta manifestación os lleve a veros semejantes unos a otros.

# Mensaje Nº 81
*12 de Septiembre de 1979*

Mis queridos amigos, estoy verdaderamente feliz de estar una vez más con vosotros, y de magnetizar vuestra aspiración de esta manera.

Mi Venida evoca en el hombre un deseo de cambio, un deseo de mejora, como quiera que se exprese.
Mis Energías engendran en el hombre descontento divino.
Todo lo que es inútil en nuestras estructuras debe desaparecer.
Hay muchas de ellas que no son dignas del hombre ahora.

El hombre es un Dios emergente y por tanto necesita la formación de modos de vida que permitirán a este Dios florecer.
¿Cómo podéis estar satisfechos con las formas en las que vivís ahora: cuando millones de personas pasan hambre y mueren en la miseria; cuando los ricos ostentan su riqueza ante los pobres; cuando cada hombre es el enemigo de su vecino; cuando ningún hombre confía en su hermano?
¿Por cuánto tiempo debéis vivir así, amigos Míos?
¿Por cuánto tiempo podéis soportar esta degradación?

Mi plan y Mi deber es revelaros un nuevo camino, un camino a seguir que permitirá a lo divino en el hombre resplandecer.
Por tanto hablo con gravedad, amigos y hermanos Míos.
Escuchad bien Mis palabras.
El hombre debe cambiar o morir: no hay otro camino. Cuando comprendáis esto aceptaréis alegremente Mi Causa, y demostraréis que para el hombre existe un futuro bañado en Luz.

Mi Enseñanza es sencilla:
Justicia, Compartir y Amor son aspectos divinos.
Para manifestar su divinidad, el hombre debe abrazar estos tres.

Que la Luz, el Amor y el Poder Divinos del Único y Santísimo Dios se manifiesten ahora en vuestros corazones y en vuestras mentes.
Que esta manifestación os lleve a la realización de vuestra parte en el Gran Plan.

162

# Mensaje Nº 82

*18 de Septiembre de 1979*

Mis queridos amigos, estoy verdaderamente feliz de estar aquí una vez más entre vosotros, y de indicaros algunas pautas para el futuro.


Mi labor será enseñaros cómo vivir juntos pacíficamente como hermanos.

Esto es más sencillo de lo que imagináis, amigos Míos, ya que sólo requiere la aceptación del Compartir.

El Compartir, realmente, es divino.

Subyace a todo progreso para el hombre.

Por medio suyo, hermanos y hermanas Míos, podéis entrar en correcta relación con Dios; y esto, amigos Míos, subyace a vuestras vidas.

Cuando compartís, reconocéis a Dios en vuestro hermano.

Esta es una verdad, sencilla, pero hasta ahora difícil de comprender por el hombre.

Ha llegado el momento de evidenciar esta verdad.


Por Mi Presencia, la Ley del Compartir se manifestará.

Por Mi Presencia, el hombre crecerá hasta Dios.

Por Mi Presencia y la de Mis Hermanos, la Tierra Nueva del Amor será conocida.

Aceptad, amigos Míos, esta simple Ley en vuestros corazones.

Manifestad el Amor a través del Compartir, y cambiad el mundo.

Cread a vuestro alrededor la atmósfera de paz y alegría, y conmigo haced nuevas todas las cosas.


Mi Venida presagia cambios;

y asimismo, dolor por la pérdida de las viejas estructuras.

Pero, amigos Míos, las viejas botellas deberán romperse – el vino nuevo merece algo mejor.

Amigos Míos, hermanos Míos, estoy cerca de vosotros ahora.

Percibo encima y alrededor de vosotros vuestra aspiración de Amor y Alegría.

Sé que esto está muy extendido en la humanidad; esto hace posible Mi Regreso.


Dejadme desvelaros vuestra divina herencia.
Dejadme mostraros las maravillas de Dios que aún os esperan.
Permitidme tomaros simplemente de la mano y llevaros al Bosque del Amor,
al Claro de la Paz,
al Río de la Verdad.


Tomad Mi mano, amigos Míos, y sabed que esto es vuestro, ahora.


Que la Luz, el Amor y el Poder Divinos del Único y Santísimo Dios se manifiesten ahora en vuestros corazones y en vuestras mentes.
Que esta manifestación os lleve en confianza a la Tierra que Yo llamo Amor.

# Mensaje Nº 83
*28 de Septiembre de 1979*

Mis queridos amigos y discípulos, estoy verdaderamente feliz de estar una vez más entre vosotros de esta manera.
Mis Planes se revelan.
Mis hermanos y hermanas están despertando a Mi Presencia y para sí mismos están planeando una nueva dirección.
Esto es verdaderamente estimulante, porque, a pesar de Mis Planes, el albedrío de la humanidad es libre.
Cuando, por tanto, presencio la respuesta del hombre, grande es Mi alegría.

Mi Enseñanza es sencilla, como sabéis:
el Amor, la Justicia y el correcto Compartir son necesarios al hombre para vivir.
Aquellos que están ahora a Mi alrededor, en Mi centro, están aprendiendo esto, están respondiendo a Mi Llamada y despertando a la promesa del futuro.
También para vosotros será así, porque en vuestro interior ahora veo la misma intención divina.
Por tanto, amigos Míos, no temáis por Mi Misión.
Mi plan es presentarme ante el mundo tan pronto que sólo la mente más abyecta negará Mi Presencia.
Grandes, aún ahora, son los cambios que ocurren: Las naciones crecen juntas en un nuevo lazo de armonía. Presenciad vosotros mismos estos sucesos.
Cuando Mi rostro sea visto a gran escala, esta transformación cobrará un nuevo ímpetu, y mucho, rápidamente, se logrará.

Confío en vosotros, amigos Míos, para ayudarme en este trabajo, para que toméis vuestra parte en este Plan de Dios; porque Mi Padre Me ha enviado para mostraros el camino hacia Él.
Esa Labor con presteza Yo acepto.

Que la Luz, el Amor y el Poder Divinos del Único y Santísimo Dios se manifiesten ahora en vuestros corazones y en vuestras mentes.
Que esta manifestación os pruebe el hecho de Mi Advenimiento.

# Mensaje Nº 84



Mis queridos amigos, estoy feliz de estar una vez más tan cerca de vosotros.


Muchos de Mis amigos y discípulos en el mundo saben ahora que Mi Presencia es un hecho establecido, pero muchísimos más todavía ignoran esta bendita verdad.

Por tanto, amigos Míos, hermanos Míos, discípulos Míos, os incumbe a vosotros trabajar más duro y así dar a conocer en la mayor escala que Yo estoy entre vosotros.

Haciendo esto, servís a vuestros hermanos de una manera única; actualmente, nada mejor en el Servicio puede ser conseguido por vosotros.

Por tanto, amigos Míos, vuestra divinidad interior, brillando como siempre, os exhorta a esta medida para ayudar a Mi Causa.


Aprended los Caminos de Dios, hermanos Míos, siguiendo Mis Preceptos.

Mi Enseñanza, en su simplicidad, os mostrará el sendero directo hacia vuestro Origen, y a lo largo de ese Luminoso Sendero, están esos Centinelas y Guardianes que conocen el camino.

Nosotros, Mis Hermanos y Yo, os mostraremos ese Camino y, confiando, veréis a Dios.

Mi camino, el Camino de la Verdad, de la Luz, de la sencilla Fraternidad, es el Camino para todos los hombres.

Cada uno entre vosotros puede tomar este sendero abierto hacia Dios, y bajo Mi orientación llegar a conocer a Dios.


¿Dónde, amigos Míos, están las alternativas?

No hay ninguna otra parte adonde ir.

En todo vuestro alrededor, Dios brilla en Su Gloria;

dentro y alrededor de vosotros brilla esta Bendita Verdad.

Llega el día, amigos Míos, en que los hombres en todas partes verán esta Verdad y resplandecerán con la Gloria del Origen Divino.

No busquéis entonces otros caminos para ir, porque
el Sendero es claro,
los peldaños de la ascensión están labrados,
las señales están colocadas,
los Guías están al alcance de la mano;
el fin es la divinidad misma.
¿Quién, amigos Míos, sabiendo esto podría aceptar menos?


Mis Planes continúan revelándose.
Mi rostro y palabras son visto y escuchadas.
Mi Emerger prosigue rápidamente, y pronto el mundo sabrá que
su Instructor ha venido.
Haced que vuestra labor sea, entonces, dar a conocer estos hechos,
esta Promesa, y heredad vuestra gloria.


Que la Luz, el Amor y el Poder Divinos del Único y Santísimo
Dios se manifiesten ahora en vuestros corazones y en vuestras
mentes.
Que esta manifestación os lleve rápidamente a ver y a aceptar
vuestro servicio.

# Mensaje Nº 85

*12 de Octubre de 1979*

Amigos Míos, queridos Míos, estoy feliz de estar entre vosotros una vez más de esta manera.

Mis Planes progresan. Mi rostro y palabras son conocidos por muchos de vuestros hermanos y progresivamente Mi Presencia se hace conocida.
Haciendo balance de Mi Misión hasta ahora, veo cambios tan radicales que Mis Planes se revelan más pronto de lo que había previsto.
Siendo esto así, hermanos Míos, Mi rostro se os hará conocido dentro de poco.

Cuando Me veáis, amigos Míos, sabed entonces que la mano de vuestro Amigo es vuestra para estrecharla;
el Amor de vuestro Hermano es vuestro para absorber;
la Enseñanza del Único es vuestra para escuchar.
Sabed esto, amigos Míos, y tomad la responsabilidad de llegar a vuestros hermanos con estas verdades.

Mi plan es que el mundo debe ser cambiado por el hombre.
La Ley prohíbe todo lo demás.
Por tanto, amigos Míos, dependo de vosotros para ejecutar Mi Plan, y así preparar el Nuevo Mundo.

Mi Enseñanza os mostrará que la Ley de Dios actúa para todos los hombres.
Nada puede permanecer fuera de esta Ley.
Cuando los hombres comprendan esto aceptarán gustosamente la sencilla Ley del Amor, y la manifestarán.

Dondequiera que Yo mire hoy en el mundo, veo los brillantes puntos de Luz de Mi gente, aquellos en quienes confío.

Estos faros de Luz conducirán a todos los hombres hasta Mí, y de esta manera el Plan se revelará.

Que podáis reuniros a Mi alrededor de esta manera, que Mi Luz pueda encender vuestra llama; y así juntos podamos transformar este mundo.

El sendero no es fácil, amigos Míos; hay mucho por hacer.
Pero a través del sencillo Amor y la Fraternidad todo será alcanzado.

No os equivoquéis, amigos Míos, Maitreya os necesita – os necesita para fomentar el Plan que Él trae, que es el Plan de Dios.
Confío en que vosotros, amigos Míos, no Me abandonéis.

Que la Luz, el Amor y el Poder Divinos del Único y Santísimo Dios se reúnan ahora alrededor de todos vosotros.

# Mensaje Nº 86
*17 de Octubre de 1979*

Mis queridos amigos, estoy verdaderamente feliz de estar una vez más entre vosotros.


Amigos Míos, queridos Míos, Mis camaradas de antaño, muchas veces antes os he exhortado a trabajar para preparar Mi camino.
Una vez más debo deciros cuán vital es este trabajo.
Cuantos más sepan que Yo he regresado, más pronto será conocido Mi rostro.
Que Mi Mensaje se dirija a todos los hombres.
Que Mis palabras se propaguen.
Enviadlas a vuestros hermanos cercanos y lejanos y despertadlos, también, a Mi Advenimiento.


Mi trabajo público prosigue.
Yo planifico día a día y observo cuidadosamente la respuesta del hombre.
De esta manera el ritmo de Mi Emerger es establecido, y así veis, amigos Míos, cómo vuestro trabajo influencia Mi Plan.


Mis Maestros os mostrarán que hay poco que no podáis hacer con sólo intentarlo.
Todo es posible para el hombre.
Todo lo que el hombre necesita es proporcionado por Su Origen.
El Gran Proveedor se acuerda de Sus niños.
No miréis entonces al futuro con desconfianza sino dadle la bienvenida con los brazos abiertos y con alegría, sabiendo que la Fraternidad y la Confianza serán la norma.


Amigos Míos, Mis hermanos y hermanas, haced balance de dónde os encontráis ahora.
¿Estáis dispuestos a ir conmigo hacia la Bendita Isla del Amor?
¿Estáis dispuestos a compartir con todos lo que ahora tenéis?

¿Estáis preparados, amigos Míos, para encarar valientemente la Vida y verla como un desafío de consecución?

Nada os podrá retener si venís conmigo.

Nada quedará de la antigua inercia, pero abrazados en la Luz y el Amor, vosotros, amigos Míos, podréis conocer la alegría de la proximidad al Padre, esa alegría que es Mi privilegio concederos.

Tomad entonces, amigos Míos, vuestro valor en vuestras manos y seguidme de regreso a vuestro Origen.

Nada puede salir mal, amigos Míos: ¡Maitreya está con vosotros!


Que la Luz, el Amor y el Poder Divinos del Dios Eterno se manifiesten ahora en vuestros corazones y en vuestras mentes.

Que esta manifestación os lleve a alcanzar el propósito de vuestra alma.

# Mensaje Nº 87
*16 de Noviembre de 1979*

Mis queridos amigos, estoy feliz de estar una vez más entre vosotros de esta manera.


Mi Misión prosigue bien, incluso más allá de mis expectativas.
Por sólo esta razón podréis verme pronto.
Mi plan es emerger tan rápidamente como sea posible, y evocar de vosotros ese Servicio que, amigos Míos, Yo sé que arde en vuestros corazones.


Por muchas razones Yo estoy aquí.
Muchas son las demandas por Mi Amor, Mi Voluntad, pero, sobre todo, para mostraros de nuevo que el propósito del hombre es servir tanto a Dios como al hombre Yo estoy aquí.
Cuando comprendáis esto, entraréis en un campo de actividad que espera a todos aquellos que quieren venir conmigo.
Confiad en Mí, amigos Míos; confiad que como vuestro Hermano Mayor, Yo conozco el camino, porque ese Camino, amigos Míos, ha sido recorrido por Todos Aquellos que vosotros llamáis Maestro.
El Camino hacia Dios, hermanos Míos, es a través del Servicio y el Amor.
Yo os colocaré ante ese sencillo Sendero y os invitaré a tomarlo.


Mis queridos amigos, mirad a vuestro alrededor los acontecimientos del mundo y preguntaros:
"¿No es esto extraño? ¿Cómo obtendremos esta nueva luz?"
Si sois fieles a vuestra Luz interior, comprenderéis que Mi Presencia evoca este cambio.
Así, sabréis que Yo estoy aquí.
Así podréis compartir la carga de la preparación para Mi Emerger y así podréis conocer la alegría del Servicio.
Tomad sobre vosotros mismos, amigos Míos, una parte de esta carga; hacedla vuestra; consagraos a dar a conocer Mi Presencia a vuestros hermanos cercanos y lejanos.
De esta manera, podréis servirme y servirles.

Mis Enseñanzas se propagan.

Muchos son aquellos que ahora, en Mi centro, escuchan y actúan, llenos de alegría porque una nueva Luz está aquí, una nueva Promesa llama, un Nuevo Mundo se está creando.

Compartid pronto entonces, amigos Míos, esta aspiración y verdad y liberad el Dios que mora dentro de vosotros.

Llevad a vuestros corazones, amigos Míos, este mensaje de Esperanza; divulgadlo entre vuestros hermanos y decidles que Maitreya ha vuelto, que el Señor del Amor está aquí.

Decidles esto, amigos Míos, y conoced la felicidad de servir a la Verdad.

Que la Luz, el Amor y el Poder Divinos del Único y Santísimo Dios entren ahora en vuestros corazones y en vuestras mentes y os lleven a la realización de vuestra divinidad.

# Mensaje Nº 88
*20 de Noviembre de 1979*

Amigos Míos, estoy muy feliz de estar una vez más entre vosotros de esta manera.

Vengo para deciros que Mi Plan se está desarrollando con normalidad y bien.

Todo prosigue según el plan; todas Mis esperanzas se están cumpliendo, y el Día de la Declaración se acerca.

Pronto me veréis en plena visión y, cuando lo hagáis, comprenderéis que para muchos este encuentro no es el primero.

Muchos de vosotros Me habéis servido antes, hace mucho, mucho tiempo, y, viniendo ahora al mundo, estáis preparados una vez más.

Sabed esto, amigos Míos, y aprovechad la oportunidad ahora ofrecida para servirme y servir al mundo.

Sabed esto, hermanos Míos, y tomad parte en este Plan de Dios para vuestra realización.

Muchas son las maneras de servir; muchos son los senderos de ascensión. Nadie actualmente debe sentirse privado de una forma de servicio, de un sendero a seguir hacia el futuro.

Todos los senderos, todos los medios, conducen a Dios.

Tomad, amigos Míos, el más cercano de estos senderos y conmigo servid a vuestros hermanos.

Cuando Me veáis, veréis a un Amigo, un Ayudante, no a un Dios.

Sabed esto, hermanos Míos, y trabajad conmigo como iguales.

No dejéis que el temor oscurezca el lazo que nos une, sino que juntos, como amigos y hermanos, sirvamos al Plan.

Los medios son sencillos, como sabéis.

El camino a seguir es escarpado, pero practicable.

El Sendero de la Ascensión está señalizado.

Mis Maestros os guiarán en cada recodo de ese Sendero, y os mostrarán el siguiente paso.

Extended vuestras manos hacia Mí, amigos Míos, y dejadme elevaros hacia la Luz.

Alzad vuestras cabezas hacia esa Luz, hermanos Míos, y dejadme mostraros el rostro de Dios.

Arrodillaos conmigo ante Sus divinos pies y conoced la alegría de la comunión con la Verdad.


Dejadme mostraros, amigos Míos, que sois hijos de Dios.

Dejadme llevaros, hermanos Míos, por el Camino hacia Dios.

Dejadme mostraros, queridos Míos, la imagen y las maravillas de Dios.


Venid conmigo y conoced la Nueva Verdad.


Que la Luz, el Amor y el Poder Divinos del Único y Santísimo Dios se manifiesten ahora en vuestros corazones y en vuestras mentes.

Que esta manifestación os lleve a Sus benditos pies.

# Mensaje Nº 89
*28 de Noviembre de 1979*

Mis queridos amigos, estoy feliz de estar una vez más con vosotros de esta manera.

Hermanos Míos, habéis oído algo de Mis Planes, de Mis Enseñanzas, y tenéis conocimiento de buscar pronto Mi rostro.
Así es, amigos Míos.
Así hablo a vuestros hermanos.
Así doy a conocer las necesidades del momento.
Así se establecerá en el hombre la correcta relación entre el hombre y Dios.
Mi Misión es revelar para vosotros el Plan Divino, administrar la Voluntad y el Propósito de Dios, y llevaros de regreso a vuestro Origen.

Mis Maestros, también, están preparados para servir.
Sus Filas serán ocupadas por vosotros, hombres y mujeres del mundo, y así liberarlos para el Camino Superior.

Al pie de la montaña, hermanos Míos, la ascensión parece muy escarpada; pero cuando los primeros pasos han sido dados, el progreso es rápido; y cerca de la cima, vuestros pies tendrán alas; y desde esa altura veréis las glorias de Dios.
Así será, amigos y hermanos Míos.
Yo, Maitreya, lo prometo.

Llevadme a vuestros corazones como Yo os he llevado al Mío.
Trabajad conmigo, amigos Míos, y reconocedme como a un Guía.
Ayudadme a restablecer en el mundo el Plan de Dios, la Voluntad predestinada de nuestro Origen Divino.
Ayudadme a hacer esto, amigos Míos, y heredad vuestra grandeza.

Mis pasos resuenan.

Mi Ley se revela.

Mis palabras encuentran respuesta en los corazones de muchos.

No está lejano el momento en que el Nuevo Mundo será visto,

la Tierra del Amor se aproxime,

la Ciudad de la Verdad se construya.

Tomad Mis manos, amigos Míos, y juntos construyamos.


Que la Luz, el Amor y el Poder Divinos del Único y Santísimo Dios se manifiesten ahora en vuestros corazones y en vuestras mentes.

Que esta manifestación os lleve a responder a Mi Presencia entre vosotros.

# Mensaje Nº 90

*6 de Diciembre de 1979*

Mis queridos amigos, estoy verdaderamente feliz de estar una vez más tan cerca de vosotros, y de entregaros algunos fragmentos suplementarios de Mi Plan.

Mi trabajo prosigue.
Mi Ley encuentra respuesta en los corazones de los hombres.
Mi Amor penetra en estos corazones y despierta en ellos una nueva Luz.
Así Yo traigo a los hombres el conocimiento de Mi Presencia.
Así Yo establezco entre ellos un depósito de Verdad.
Así Yo llevo a los hombres a la preparación para un Don Divino.

Mi propósito esta noche es deciros que Mi rostro es visto y conocido por tantos de vuestros hermanos que ahora Mi Mensaje produce sus frutos.
Ellos responden a Mí como vosotros, amigos Míos, lo haréis cuando Me veáis; cuando Mi Amor os rodee como ahora los rodea a ellos; cuando Mi sencilla Verdad eleve la Luz en vosotros, y vosotros abracéis esa Verdad.

Yo soy el Mensajero de la Verdad de Dios.
Yo soy Aquel que es Perfecto.
Yo soy el Medio hacia la Luz.
Yo allano el Sendero para todos los hombres.
Yo condiciono la Verdad de Dios.
Yo esgrimo la Espada.
Yo encarno el Plan de Dios.
Yo soy el Exponente del Amor.
Yo soy el Manipulador de la Voluntad.
Yo soy el Revelador de la Verdad.

Guardad esto que Yo soy en vuestro corazón y revelad el Dios que sois.

Colocaré delante de vosotros todo el propósito de Dios.

Conduciré ante el Trono de Dios a todos los que estén preparados.

Me arrodillaré con vosotros a Sus divinos pies y juntos saludaremos Su gracia.


Yo soy la Intención de Dios.

Yo soy el Revelador de la Ley de Dios.

Yo soy la Verdad encarnada.

Yo soy la Causa y el Conocimiento de la Causa.

Yo soy el Amor Mismo.

Yo vengo a vosotros como un Hombre sencillo.

Yo vengo como un Hermano y Amigo.

Yo os conduciré de regreso a vuestro Origen.

Yo estoy entre vosotros hasta el final de la Era.


Mi Amor siempre os rodea.

Mi corazón late al mismo ritmo que el vuestro.

Mi mano os guiará y os protegerá.

Mi Amor no tiene límites.

Conocedme como vuestro Amigo y Consejero.

Ved a Dios a través de Mí.


Guardad lo que Yo soy en vuestros corazones y convertíos en los Dioses que sois.

Acoged en vuestro interior Aquello que os doy y revelad la Luz.

Aceptad Mi Don y conoced el Origen.


Que la Luz, el Amor y el Poder Divinos del Único y Santísimo Dios se manifiesten ahora en vuestros corazones y en vuestras mentes.

Que esta manifestación os lleve a servir en el cumplimiento de Mi Misión.

# Mensaje Nº 91
*12 de Diciembre de 1979*

Mis queridos amigos, estoy muy feliz de estar una vez más con vosotros de esta manera.

Amigos Míos, estoy emergiendo tan rápidamente ahora que queda poco tiempo hasta que veáis Mi rostro.
Cuando Me veáis sabréis que vuestro Hermano de Antaño, el Mismo Maitreya, está entre vosotros.
Os llamaré para que trabajéis por Mí y por el Plan.
Yo sé, amigos Míos, que puedo contar con vosotros.

Mi Enseñanza es esta:
Aprended a compartir, a tomar la mano de vuestro hermano y a reconocerle como a vosotros mismos.
Enseñad esta sencilla Verdad y enseñaréis la Ley de Dios.

Mi Presencia crea una atmósfera de nueva confianza, de nuevas posibilidades para la comprensión mutua.
Aprovechad, entonces, estas oportunidades ofrecidas por Dios para crecer en el Servicio.

Mis Maestros están regresando Ellos Mismos al mundo; Uno a Uno ocupan Sus puestos entre vosotros.
Pronto Su Presencia se hará sentir más poderosamente, y de esta manera establecerán la Nueva Vanguardia, aquellos cuya labor es construir las estructuras del tiempo venidero.
Que podáis conocerles muy pronto.
Que podáis darles vuestra confianza y trabajar con Ellos para vuestros hermanos.
Conocedme como Uno de vosotros, como un hombre sencillo realmente, que viene entre vosotros para serviros y guiaros, para enseñaros y amaros, para mostraros el Sendero hacia Dios.

Muchos se reúnen a Mi alrededor ahora.
Mi Ejército crece.
Mi Luz abraza a todos.
Mi Amor llena sus corazones.
Mi Voluntad les sostiene.
Mi Escudo les cubre.
Mi Verdad les inspira.

Vosotros, también, amigos Míos, podéis encontrar el sendero hacia Mis Filas.
Tomadlo rápidamente, hermanos Míos, y avanzad conmigo.

Que la Luz, el Amor y el Poder Divinos del Único y Santísimo Dios se manifiesten ahora en vuestros corazones y en vuestras mentes.
Que esta manifestación os lleve a encontrarme rápidamente, y servir a Mi lado.

# Mensaje Nº 92
*19 de Diciembre de 1979*

Mis queridos amigos y discípulos, estoy muy feliz de estar una vez más con vosotros de esta manera.


Mi necesidad de discípulos que comprendan los peligros de este momento es grande.
Necesito, también, a aquellos que sienten Mi Presencia para dar a conocer esta Promesa a sus hermanos.
Todos los que comparten la esperanza de que la humanidad debe vivir junta en paz trabajan por Mí.
La Paz, el Compartir y la Justicia son primordiales para Mi Enseñanza.
En donde la Luz de estas Verdades brilla Yo dirijo Mi mirada, y a través del canal de esa Luz envío Mi Amor.
Así Yo trabajo.
Así a través de vosotros cambio el mundo.


Amigos Míos, os necesito de otras maneras:
Necesito vuestra capacidad de Alegría, para despertar este aspecto divino en el corazón de todos los hombres, para mostrarles que delante de la humanidad se extiende el sendero luminoso de la Verdad, el Sendero directo al Origen.
El Amor y la Alegría manifestados os conducirán allí más deprisa.


Amigos Míos, Mis hermanos y hermanas, os necesito también para actuar por Mí, para decir en voz alta Mis intenciones, Mis requisitos como Representante de Dios:
mostrar a los hombres que el mundo es Uno;
que los hombres son hermanos;
que la Ley del Amor y la Justicia debe ponerse en práctica si la humanidad quiere sobrevivir.
Decid esto a vuestros hermanos, amigos Míos, y preparadles por Mí.

Despertad en sus corazones la disposición a compartir, y encended su lámpara.

Cread una atmósfera de amor y alegría y allanad Mi camino.

Manifestad el Amor que Yo os envío, demostrad los Dioses que sois, y dad paso a un tiempo nuevo y mejor.

Haced esto por Mí, amigos y hermanos Míos, y alegraos pronto por Mi Aparición entre vosotros.


Mi Emerger prosigue.

Mis Planes se revelan.

Mi mensaje en estos momentos de alegres celebraciones es este: despertad nuevamente el Amor en los corazones de vuestros hermanos y enseñadles a compartir.


Mi plan es que Me veáis pronto.

Cuando lo hagáis, veréis a vuestro Amigo y Hermano de Antaño, el Defensor del Amor, el Administrador de la Voluntad, el Creador a través de vosotros del Nuevo y Bendito Tiempo.


Que la Luz, el Amor y el Poder Divinos del Único y Santísimo Dios se manifiesten ahora en vuestros corazones y en vuestras mentes.

Que esta manifestación os lleve a comprender vuestra verdadera utilidad para Mí y para el Plan.

# Mensaje Nº 93
*22 de Enero de 1980*

Mis queridos amigos, estoy muy feliz de estar de nuevo tan cerca de vosotros.


Mi Misión continúa con éxito.
Mi corazón envuelve a todos los que piensan en Mí.
Mi Amor abraza a todos los que aman a sus hermanos.
Sabed que esto es verdad y solicitad Mi ayuda.


Cuando Me veáis, sabréis que hay entre vosotros ahora un Hombre sencillo de Dios, un Hombre como los otros hombres, pero Uno que hace mucho tiempo ha seguido cierto Sendero, que conoce bien ese Sendero y puede conduciros en él.
Ese Sendero hacia Dios, amigos Míos, es el Tesoro que Yo guardo para vosotros.
Despertad vuestras mentes y corazones a esta posibilidad, y alcanzad la meta.
El Camino es sencillo, el Camino es seguro.
Mi Enseñanza os guiará allí.


Ningún hombre debe temer por el futuro cuando Mi Escudo le cubra.
Ningún hombre debe temer la necesidad cuando Mi Principio gobierne.
Ningún hombre debe sentirse separado de Dios cuando Mi Camino llame.


Estad preparados para escuchar Mis palabras.
Ocupad vuestros puestos a Mi lado.
Manifestad el Dios interno, y transformad el mundo.


Mi Corazón sufre cuando veo a tantos morir inútilmente;
el hambre y la pestilencia acosan a la Tierra.
Nada Me aflige tanto como esta vergüenza.

El crimen de la separación debe ser arrojado de este mundo.
Yo afirmo eso como Mi Propósito.


Me dirijo a vosotros esta noche como a aquellos que buscan la verdad.
Amigos Míos, la Verdad se encuentra entre vosotros.
La Verdad está en vuestros corazones.
La Verdad, amigos Míos, Mis hermanos y hermanas, es Amor y Compartir, Justicia y Libertad.
Manifestadlos en vuestras vidas y comunidades, y restableced el Plan de Dios.


Mi voz pronto será oída, Mi Enseñanza conocida, Mi Amor sentido.
Que pronto podáis verme, venir hacia Mí, reuniros a Mi alrededor, trabajar conmigo, conocerme y amarme, conocer a Dios y amar a Dios a través de Mí.


Que la Luz, el Amor y el Poder Divinos del Único y Santísimo Dios se manifiesten ahora en vuestros corazones y en vuestras mentes.
Que esta manifestación os revele vuestro verdadero valor como hijos de Dios.

# Mensaje Nº 94
*31 de Enero de 1980*

Mis queridos amigos, una vez más estoy con vosotros y estoy feliz de así hacerlo.


Mis planes se revelan.
Mi Misión prospera.
Mi camino está siendo despejando.
Muchos ahora en el mundo conocen Mi Presencia y ayudan de muchas maneras.
Aún más es necesario de vosotros que creéis, amigos Míos.
Si en un gran esfuerzo final podéis informar al mundo que Yo estoy aquí, pronto Mi rostro será visto por todos.
Confío en vosotros, Mis hermanos y hermanas, para trabajar así por Mí.


Cuando Me veáis, comprenderéis las razones de vuestra presencia en el mundo.
Estáis aquí, amigos Míos, para servir al Plan de Dios.
Estáis aquí, cada uno de vosotros, por amor a vuestros hermanos.
Estáis aquí, también, para aprender, para expandir vuestro conocimiento de ese Plan y para progresar en el Sendero.
Esa es la verdad de vuestra existencia en este momento.
Prestad atención, entonces, a esta oportunidad que os presento: de compartir conmigo Mi trabajo de socorro, de aligerar Mi carga, de revelar a Dios dentro de vosotros y de guiar a vuestros hermanos hacia la Luz.


Muchos son a los que Yo llamo.
Muchos son los que esperan y escuchan.
Pocos son, en realidad, los que aprovechan la ocasión y actúan.
Estos pocos son Mi gente.
Que os convirtáis en uno de ellos.

Dejadme decir esto, amigos Míos:

Sin vuestra ayuda voluntaria, nada puede hacerse.

Yo vengo para guiar y enseñar, no para imponer.

Llevad, entonces, a vuestros corazones esto, Mi Petición, y trabajad conmigo, por Mí, por vuestros hermanos, y salvad así al mundo.

Muchos Me escuchan ahora y Me dan su confianza, armonizan sus pensamientos conmigo y siguen Mis indicaciones.

Pronto emergerá un grupo de hombres preparados que conocen las necesidades del momento, que viven para servir, que aman a sus hermanos.

Convertíos en uno con ellos y seguidme. Yo no os haré extraviar.

Que la Luz, el Amor y el Poder Divinos del Único y Santísimo Dios se manifiesten ahora en vuestros corazones y en vuestras mentes.

Que esta manifestación os lleve en la Luz a los pies de Dios.

# Mensaje Nº 95
*14 de Febrero de 1980*

Mis queridos amigos, estoy feliz de estar otra vez entre vosotros de esta manera, y de deciros que Mi primera fase del Emerger está casi terminada.


Dentro de unas semanas, muchos más de vuestros hermanos Me verán.

Dentro de unos meses, una gran parte del mundo sabrá que Yo estoy aquí.

Tanto si Me reconocen como si no, Mi rostro será visto.


Yo os digo esto, amigos Míos:

Mirad atentamente y escuchad bien, porque Mi voz se está oyendo, Mis palabras hacen volver los corazones de los hombres a la Verdad.

Mi Amor impregna el corazón de todos aquellos que buscan esa Verdad, que anhelan su establecimiento y así preparan Mi camino.


Ante todo veréis a un Hombre sencillo, Uno de vosotros.

Conocedle como a un Hombre que ha viajado durante mucho tiempo en el Sendero hacia Dios, que quiere llevaros con Él en ese Camino Sagrado y conduciros a Sus divinos pies.


Llevad Mis sencillas palabras a vuestros corazones.

Allí dejadlas florecer, eclosionar y traer la Luz.

Llevad, también, a vuestros corazones Mi Amor.

Enviadlo a vuestros hermanos e iluminad la oscuridad.

Afirmaos en Mi Propósito, que es llevar al hombre a Dios.

Ayudadme así, amigos Míos, y servid bien al Plan.


Mis Enseñanzas son sencillas, y Mis palabras también.

Todo lo que Yo digo es rápidamente entendido.

No hay nada difícil en la Verdad de Dios.

La Verdad de Dios, amigos Míos, reside en los corazones de todos los hombres.
Esa simplicidad es vuestra para revelar.
Yo, vuestro Guía, os mostraré el camino.

Ha llegado el momento de mostrar Mi rostro a mayor escala.
De esta manera, los hombres sabrán que el Hijo del Hombre está entre ellos una vez más.

El Amor de Dios se manifiesta a través Mío; la felicidad de ese Amor es vuestra para tomar.
Extended vuestras manos, amigos y hermanos Míos, y sorber bien, bebed profundamente de la Bendición de Dios.

Que la Luz, el Amor y el Poder Divinos del Único y Santísimo Dios se manifiesten ahora en vuestros corazones y en vuestras mentes.
Que esta manifestación os lleve a ver rápidamente la Luz, el Amor y la Verdad que Yo traigo.

# Mensaje Nº 96
*19 de Febrero de 1980*

Mis queridos amigos, queridos Míos, estoy muy feliz de estar una vez más entre vosotros de esta manera.


Mi Labor comienza.
Cuando emerja, indicaré al mundo la necesidad de cambio.
Estos cambios, amigos Míos, vienen dados por Dios.
El hombre necesita, mientras se dirige hacia Dios, demostrar esa divinidad.
Todas las estructuras del hombre deben brillar con la Luz Divina.
Todas las formas de pensar del hombre deben revelar al Dios interior.
Esta verdad, amigos Míos, está en la base del cambio.
Cuando veáis esto aceptaréis gustosamente esta necesidad.


Amigos Míos, estoy con vosotros esta noche de una manera especial, en una forma nueva, más próximo que nunca antes, para despertar en vosotros la luz de la Verdad que Yo traigo.
Esa Verdad, amigos Míos, es la Fraternidad y el Compartir, la Justicia y el Amor.
Donde estos aspectos están presentes, Me reconoceréis.


Animaos con todo lo que os digo, hermanos Míos, porque el camino hacia adelante para los hombres brilla con claridad realmente.
No hay nada que temer, amigos Míos, porque todo estará bien.
Mi Misión prospera, y Mi Presencia garantiza este futuro.


Estoy aquí esta noche para deciros que pronto vosotros mismos Me veréis y Me oiréis.
Acortad este momento, si queréis, y dad a conocer Mi Presencia.
Cuando Me veáis, veréis a vuestro Amigo y Hermano, Uno que ha esperado durante mucho tiempo este momento, para estrechar de nuevo las manos de Sus hermanos y compartir sus vidas.

Amigos Míos, Mi Presencia está establecida, Mi Amor fluye a vosotros, Mi Alegría será vuestra, Mi Verdad compartida, Mi Padre conocido.
Con vuestra ayuda, todo se logrará.


Mi labor es mostraros el Camino hacia Dios, trazar ese Sendero sencillo, tomaros de la mano y conduciros hasta Sus divinos pies, y así completar Su Plan.
Mis Maestros están con vosotros también.
En número creciente Ellos estarán entre vosotros.
Cuando Nos veáis sabréis que
el Tiempo de Dios ha llegado,
la Era de la Razón y el Amor ha comenzado,
el sentido de la Vida ha sido restablecido,
el principio del Amor ha sido demostrado,
la Voluntad de Dios se ha cumplido.


Que la Luz, el Amor y el Poder Divinos del Único y Santísimo Dios se manifiesten ahora en vuestros corazones y en vuestras mentes.
Que esta manifestación os lleve en confianza a Mi lado.

# Mensaje Nº 97
*28 de Febrero de 1980*

Mis queridos amigos, estoy muy feliz de estar de nuevo tan cerca de vosotros.

Mi Plan es revelar Mi Presencia pronto a una escala mucho mayor y mostrar a los hombres que la Nueva Era está naciendo, que la fórmula del cambio es el Compartir y la Fraternidad, la Justicia y el Amor.
Bajo Mi Bandera llamaré a todos aquellos que quieran caminar conmigo.

Uníos a Mi Ejército, amigos y hermanos Míos, y purificad este mundo de odio.
Afilad la Espada del Amor, hermanos míos, cerrad vuestras filas a Mi alrededor, y valientemente hacia el futuro marchemos juntos.

Mis Principios ocupan las mentes de los hombres.
Mi Amor penetra sus corazones.
Mis sencillas palabras encuentran respuesta, y Mi Ley comienza a gobernar.
Así podéis decir conmigo, amigos Míos, que el futuro del hombre es brillante, que el Amor de Dios está establecido en todas partes, y que la Ley prosperará.

Muchos hay que dudan de Mi Presencia.
Muchos hay que Me buscan en vano, mirando a lo alto hacia el cielo y, al no encontrarme, Me arrojan de sus corazones.
La sencilla verdad, hermanos Míos, es que Yo soy un Hombre entre los hombres, viviendo entre vosotros como tal, conociendo y sintiendo vuestras penas y necesidades, amando y cuidando de vosotros, deseando compartir con vosotros las Bendiciones de Dios.
Consideradme así, amigos y hermanos Míos, y conoced el significado de la Confianza, conoced el valor del Amor, conoced las bendiciones del Plan de Dios para todos los hombres.

Que podáis estar preparados cuando aparezca ante vosotros.

Que podáis estar preparados para los cambios que deben venir.

Que podáis, gustosa y ansiosamente, aceptar estos cambios y hacer nuevo este mundo.

Nada permanece inamovible sobre la Tierra, amigos Míos; todo debe cambiar y morir.

Los vestigios muertos del pasado deben igualmente transformarse en cenizas.

De estas cenizas surgirá el Templo de Dios, la Ciudad del Amor.

Que podáis reconocer esto como verdad.

Estoy con vosotros siempre.


Que la Luz, el Amor y el Poder Divinos del Único y Santísimo Dios se manifiesten ahora en vuestros corazones y en vuestras mentes.

Que esta manifestación os lleve a estar siempre conscientes de vuestra verdadera naturaleza como Dioses.

# Mensaje Nº 98
*5 de Marzo de 1980*

Mis queridos amigos y discípulos, una vez más estoy con vosotros.


Mi corazón os abraza a todos.
Mi Amor os envuelve.
Mi Ley os guiará.
Mi Enseñanza os mostrará el sendero hacia el Origen.
Manteneos firmes en la verdad de vuestro Ser y seguidme.


Mi Camino es verdaderamente un camino sencillo.
No hay obstáculos en el Sendero hacia Dios a través del Amor.
Esto Yo enseñaré.
Esto Yo demostraré, y cuando comprendáis cuán sencillo es este Camino, Mis Planes serán los vuestros.


Mis Maestros están reuniéndose en gran número.
Mis Fuerzas aumentan.
Mis sencillos medios atraen el bien del hombre.
Cuando Me veáis, sabréis que ha llegado el momento de servir, de elevaros a vosotros mismos y a vuestros hermanos por medio del servicio al mundo.
Este camino, Mi Camino, os conducirá rápidamente a Dios.
Mis Maestros, también, conocen este Sendero y bajo Su instrucción realizaréis vuestra Divinidad.


Mi propósito es mostrar al hombre que no deben temer más, de que toda la Luz y la Verdad moran en su corazón, que cuando este simple hecho sea conocido, el hombre se convertirá en Dios.


La naturaleza de Dios es amar.
El propósito de Dios es servir.
Dios es conocido a través del Compartir y la Justicia.

Divulgad en todas partes estas sencillas Verdades, amigos Míos, y realizad un acto inmenso.

Mi Presencia pronto será conocida por todos.
Mi rostro pronto será visto por muchos.
Mis palabras conmoverán los corazones de todos aquellos que aman a sus hermanos y así trabajan conmigo.
Tomad la determinación, amigos Míos, de trabajar así para el mundo y anticipad la inauguración de la Era de la Belleza, la Razón y el Amor.

Que la Luz, el Amor y el Poder Divinos del Único y Santísimo Dios se manifiesten ahora en vuestros corazones y en vuestras mentes.
Que esta manifestación os lleve rápidamente al corazón del Gran Padre.

# Mensaje Nº 99
*11 de Marzo de 1980*

Mis queridos amigos, estoy feliz de estar con vosotros una vez más.

Mis métodos producen resultados.
Desde Mi punto de visión grandes cambios pueden observarse.
Por tanto, amigos Míos, he decidido emerger y trabajar públicamente más rápidamente de lo planeado.
Así, amigos Míos, Me veréis muy pronto.

Puedo pediros, Mis hermanos y hermanas, que actuéis como Mis agentes, que digáis a vuestros amigos y a quienes os encontréis que Maitreya está aquí, que el Hijo del Hombre camina en el exterior una vez más, que el Instructor para la Nueva Era está entre vosotros y que esa Era ha comenzado.
Hablad así, Mis amigos y hermanos, y conoced la alegría del Servicio.
Hablad así, queridos Míos, y encended una luz por Mí.

Cuando Me veáis, sabréis que no habéis trabajado en vano, que vuestro Hermano de Antaño está con vosotros, que vuestro Amigo y Guía está entre vosotros, que vuestro Instructor de Antaño ha vuelto para mostraros el sencillo Sendero hacia Dios.
¿Por qué, entonces, amigos Míos, teméis?
Haced de vuestra labor realizar esto por Mí, y tomad en vuestras manos las riendas del progreso.

Mis Planes están establecidos.
Mis Maestros entran silenciosamente en Sus centros.
Uno a Uno, ocupan Sus puestos entre vosotros.
Mi alegría es inmensa cuando observo la respuesta de la humanidad.
Mi sencilla Verdad, que Dios y Amor son Uno, está despertando al hombre a la promesa del futuro.
Esto hace sencilla Mi Labor.

Amigos Míos, mostraos como hombres y mujeres listos para actuar como héroes, como los guerreros de antaño, llenos de Alegría y Amor, listos para las labores de socorro y de amor que recaerán en vosotros.

No temáis, amigos Míos: vuestros hombros serán fortalecidos por Mí.


Tened cuidado de no perderme.
Observad y escuchad.
Mi rostro aparece.
Mi voz se está oyendo.
Reconocedme como vuestro Maestro y Amigo, Instructor y Hermano, Guía y Mensajero de Dios.


Que la Luz, el Amor y el Poder Divinos del Único y Santísimo Dios se manifiesten ahora en vuestros corazones y en vuestras mentes.
Que esta manifestación os lleve a veros los unos a los otros como los Dioses que sois.

# Mensaje Nº 100
*19 de Marzo de 1980*

Mis queridos amigos, estoy feliz de estar con vosotros en este centenario, como vosotros lo llamaríais.


Amigos Míos, estoy cerca de vosotros realmente.
Veo a vuestro alrededor vuestra aspiración y amor, vuestra esperanza y deseo por un mundo mejor.
Creedme, amigos Míos, todo esto se cumplirá.
Ese Nuevo Mundo está ahora creándose, se está formando con el pensamiento y el deseo, y desciende lentamente.
Por tanto, hermanos Míos, no tengáis temor.
Yo estoy entre vosotros de muchas maneras.
Yo Me presento al mundo en muchas facetas.
Yo impulso todas las formas para cambiar.
Yo estimulo a todas las almas para crecer.
Yo estoy con vosotros y en vosotros.
Yo soy el Corazón de vuestra vida.
Yo busco presentaros las Leyes que son Dios.
Yo aspiro evocar en vosotros el amor de vuestro corazón.


Yo soy el Príncipe de la Paz.
Yo soy el Portador de la Espada.
Yo estoy en vuestros corazones como Amor.
Yo soy vuestro Amigo y Guía.
Yo soy el Legislador.
Yo conozco el Propósito de Dios.
Yo enseño Su Plan.
Yo anhelo servir.
Yo doy la bienvenida al Nuevo Día.
Yo traigo la Alegría.
Yo despierto el Nuevo Espíritu en el hombre.
Yo vengo preparado para Mi Labor.
Yo os llamo como ayudantes.
Yo os llevo de la mano hacia el Origen.
Yo viviré entre vosotros.

Mi Enseñanza se propaga.
El Nuevo Día llama.
Lo Real se arraiga.
El Tiempo de Dios ha llegado.
El Camino llama a todos los hombres.
Mi Trabajo no será en vano.
Mi Justicia se hará.
Mi Ejército triunfará.


Por el Amor puro el hombre realizará.
Por las grandes acciones el hombre conquistará.
Por pasos inmensos el hombre avanzará hacia el futuro.
Por Mi ayuda todo se realizará.


Mi nombre es Unidad.
Mi Amor permanece.
Mi Ley crea.
Mi Enseñanza hará volver a todos los hombres hacia Dios.


Mis Maestros están preparados.
El Día está próximo.
Las Profecías de Antaño se están cumpliendo.
Las Fuerzas Oscuras tiemblan.
La Ley será mantenida.
El Nombre de Dios es Amor.
Yo soy Su Mensajero.


Que la Luz, el Amor y el Poder Divinos del Único y Santísimo Dios se manifiesten ahora en vuestros corazones y en vuestras mentes.
Que esta manifestación os lleve rápidamente a veros como unidades de Dios.

# Mensaje Nº 101

*26 de Marzo de 1980*

Mis queridos amigos, estoy verdaderamente feliz de estar con vosotros una vez más de esta manera.


Dentro de poco, amigos Míos, Me veréis.
Presenciaréis de hecho el Regreso de vuestro Hermano de Antaño.
Veréis así el cumplimiento del Plan de Dios, porque el Mandato de Dios Me ha traído hasta aquí.
Asimismo, la humanidad misma Me ha llamado, y gustosamente he respondido a esa llamada.


La Justicia debe ser y será hecha.
El mundo gime por Justicia.
La verdadera razón de los problemas del hombre hoy, es la ausencia de Justicia y de Amor.
Si estos aspectos divinos estuvieran en vigor mañana, una nueva dulzura colorearía vuestras vidas.
Este bondadoso don de Amor y de Justo Compartir emana de Dios.
Sólo mediante su correcta manifestación puede Dios conocerse.
Enseñad esto a los hombres, amigos Míos, y enseñaréis una gran y sencilla Verdad.


Cuando los hombres Me vean, hermanos Míos, verán a un Hombre sencillo y justo.
Todos los que conocen a Dios manifiestan estas cualidades.
Buscadme, entonces, bajo esta apariencia.


Ahora que Mi Presencia es un hecho establecido, puedo ver más claramente los problemas del hombre.
Estos son diversos amigos Míos, pero proceden de una causa sencilla.


La simple falta de Amor es la raíz de todo el sufrimiento del hombre hoy.

Nada sino esto le impide la manifestación de su potencial divino.
Todo lo que es Divino existe en el hombre, pero sin Amor no resultará más que sufrimiento.
Durante mucho tiempo, amigos Míos, habéis sabido esto; muchas veces antes habéis oído la necesidad de Amor.
Sin embargo, ese aspecto divino falta en vuestras vidas.

Yo he venido para mostraros el sencillo Sendero hacia Dios a través del Amor, para enseñaros las técnicas del Amor, el camino a seguir a través del Amor y la Justicia, la correcta relación entre los hombres y así con Dios.

Reconoced entonces a este Hombre sencillo cuando Lo veáis y llamadle Hermano, porque es como un Hermano de todos los hombres que Yo aparezco;
para llevaros de la mano y conduciros al Padre,
para mostraros la maravillosa visión de vuestro futuro,
para establecer en vosotros la voluntad de servir,
para crear con vosotros la Ciudad de la Verdad,
el Templo del Amor,
para conduciros adelante, y de regreso a Dios.

Que la Luz, el Amor y el Poder Divinos del Único y Santísimo Dios se manifiesten ahora en vuestros corazones y en vuestras mentes.
Que esta manifestación os lleve conmigo de regreso a vuestro Origen.

# Mensaje Nº 102
*3 de Abril de 1980*

Mis queridos amigos, estoy verdaderamente feliz de estar otra vez entre vosotros de esta manera, y de revelaros una parte de Mi Enseñanza y de Mi Plan.


Estamos juntos, vosotros y Yo, para el mismo propósito.
Vosotros, amigos Míos, estáis aquí porque en vuestros corazones amáis a todos los hombres, os sentís responsables del mundo, respondéis a las necesidades de los hombres y anheláis servir.
Ese, igualmente, es Mi Propósito hoy.
Yo, también, siento las necesidades del hombre, la necesidad de todos los hombres en todas partes de vivir y trabajar con dignidad y confianza.
La necesidad de servir condiciona Mi existencia.
El Amor de Mi corazón me acerca a vosotros.
Estamos juntos por tanto, vosotros y Yo, para servir.
Sabiendo esto, aprovechad la oportunidad de servir al mundo de una forma única, amigos Míos, y viajad lejos en el Sendero.
¿Por qué sentarse y esperar Mi Aparición cuando el mundo necesita vuestro peso?
Yo os pido pues que trabajéis conmigo, para preparar Mi camino ante los hombres, y provocar, de alguna manera, el clima de esperanza en el cual, pronto, Mi rostro pueda ser visto.


Consideraos afortunados, hermanos Míos, de que se os ofrezca tal opción.
Se acerca el día en que agradeceréis a vuestro Creador por esta oportunidad.


Mis planes prosiguen establemente y bien.
Mi rostro y Mis palabras se conocen. Muchos ahora responden a Mi Enseñanza y emprenden Mi Causa.
Pronto una nueva ola de interés por la Verdad será evocada del hombre, y sobre esa ola Mi rostro será visto.

Consideraos como Mis amigos, y trabajad conmigo.
Reconoceos como Mis compañeros y ayudad al mundo.
Revelaos como Mis discípulos y cread el Nuevo Mundo.


Quizás estéis impacientes por ver Mi rostro – esto es natural.
Pronto, amigos Míos, veréis el rostro de vuestro Hermano de Antaño, vuestro Instructor del pasado lejano, vuestro Amigo y Guía, vuestro Maestro y Servidor, vuestro Hermano Mayor.
Veréis el rostro de un Hombre sencillo realmente. Y entre vuestros hermanos Me elegiréis y, saludando el Dios en Mí, Me reconoceréis por lo que Yo soy. Y juntos en el Amor haremos todas las cosas nuevas.
Maitreya lo ha dicho.


Que la Luz, el Amor y el Poder Divinos del Dios Eterno se manifiesten ahora en vuestros corazones y en vuestras mentes.
Que esta manifestación os lleve a ver y conocer la verdad de vuestro propio Ser.

# Mensaje Nº 103
*10 de Abril de 1980*

Mis queridos amigos, es con placer que os hablo de nuevo de esta manera.


Mi Verdad comienza a condicionar la vida de los hombres.
A pesar de las apariencias, todo prosigue según el plan y Yo, Maitreya, no Me encuentro desanimado.
Muchos son los cambios, sutiles y grandes, que han sido forjados por Mi Presencia.
Mucho de lo que es dañino para el hombre está siendo destruido.
Muchas cosas buenas están floreciendo en su lugar.
Sabed que esto es así y no temáis.


Cuando Me veáis, sabréis que he venido para enseñaros un conocimiento que en parte sabéis.
Todos los hombres en todas partes han oído la verdad de la Fraternidad.
Ellos saben que el Amor y la Justicia son primordiales para la vida.
Sin embargo, amigos Míos, nada excepto el caos reina y la Justicia es difícil de encontrar.


Mi Presencia evocará del hombre la capacidad para la Alegría, para el Justo Compartir y el Amor.
Por esto Yo estoy aquí.
Sabed que esto es así y no temáis.


Mi Presencia evoca en el hombre un nuevo sentido de asombro.
Mirando dentro y alrededor de él, el hombre percibe perspectivas de conocimiento que nunca había soñado; de Sabiduría a las que no puede más que aspirar; la expresión del Amor que él sabe que es suya.
Sabed que esto es así y no temáis.

Mi objetivo es enseñaros la verdad de Dios y de vosotros mismos;
trazar para vosotros un sendero hacia el futuro que es el Camino hacia Dios;
crear con vosotros el resplandeciente Templo de la Verdad;
vivir entre vosotros en la Ciudad del Amor;
trabajar con vosotros para el Plan de Dios.


Mi Emerger prosigue.
Pronto vuestros hermanos en Mi centro sabrán que entre ellos ahora hay un Hombre sencillo de Dios, un Hermano entre hermanos, un Portavoz para ellos; para presentar a las naciones las necesidades de todos los hombres de un mundo en paz, de un Justo Compartir de recursos, de la risa y la Alegría, de la creación de un Nuevo Mundo construido según el Modelo de Dios.


Que la Luz, el Amor y el Poder Divinos del Único y Santísimo Dios se manifiesten ahora en vuestros corazones y en vuestras mentes.
Que esta manifestación os lleve a ver y conocer Mi Presencia entre vosotros.

# Mensaje Nº 104
*15 de Abril de 1980*

Mis queridos amigos, estoy verdaderamente feliz de estar una vez más con vosotros de esta manera y deciros que todo va bien. Todo prosigue según el plan, y ese Plan se está llevando a cabo.

Cuando Mi rostro sea visto a mayor escala sabréis que vuestro Hermano Mayor está con vosotros, un Hermano que viene para enseñaros los Caminos de Dios, que os ama y desea serviros.

De vuestras filas Yo elegiré a Mis ayudantes.
Que podáis encontraros entre ellos.
Mi necesidad es de aquellos que aman tanto a Dios como al hombre, que ven a cada uno en ellos mismos y que desean servir al Plan.
Tanto si este Plan es conocido por vosotros como si no, podéis servir a vuestros hermanos.
Todo lo que se necesita es el amor de Dios en vuestros corazones.
Todo lo que se requiere es la bendición de la Confianza y el deseo de Justicia.
Donde estos aspectos estén presentes, reconoceré a Mis guerreros.

Preparaos para verme muy pronto.
Preparaos para reconocerme, confiar en Mí, amarme y trabajar conmigo, porque Yo vengo para enseñaros el camino hacia el Origen de vuestro Ser, hacia vuestra misma esencia.
Cuando Me conozcáis, descubriréis que siempre he estado en vuestro corazón.
Mi Llamada ha sido oída por vosotros durante mucho tiempo, y estáis aquí en respuesta a esa Llamada.
Sabiendo esto, aceptad el desafío que os presento y ayudadme a servir a vuestros hermanos.

Tened cuidado de no perderme.

Observad cuidadosamente, amigos Míos, y sed felices con la perspectiva.

Sonriendo alzad vuestra mirada hacia el futuro.

Riendo volved vuestra espalda al pasado.

Con gratitud recibid la bendición del Amor de Dios y cread de nuevo el Plan.

Apresuraos en seguir.

Apresuraos en reconocer.

Triunfalmente enseñad y conoced la alegría del Servicio.

Mi Amor os acompaña a todos vosotros.


Que la Luz, el Amor y el Poder Divinos del Único y Santísimo Dios se manifiesten ahora en vuestros corazones y en vuestras mentes.

Que esta manifestación os lleve con alegría al lado de vuestro Hermano.

# Mensaje Nº 105

*5 de Junio de 1980*

Mis queridos amigos y discípulos, me alegro realmente de tener esta nueva oportunidad de hablaros de esta manera.


Mi propósito esta noche es deciros que todo prosigue bien, incluso antes de lo planeado.

Siendo esto así, Mi próxima aparición pública tendrá lugar dentro de unas pocas semanas, y en una forma más amplia que antes.

Hasta ahora, Mi Aparición ha estado limitada a una cierta sección.

Desde ahora, Mi plan es acceder a una esfera más amplia.

De esta manera, según la Ley, Mi Emerger tiene lugar.


En vuestras manos, amigos Míos, descansa la clave de esta Aparición.

Haced saber el hecho de Mi Presencia entre vosotros y acelerad Mi Emerger.

Por todas partes haced saber esta verdad y reunid alrededor Mío a vuestros hermanos y hermanas.


Cuando Me veáis y oigáis os daréis cuenta que conocíais desde hace mucho tiempo las Verdades que Yo expreso.

Dentro de vuestros corazones descansa la Verdad de Dios.

Estas sencillas verdades, amigos Míos, subyacen toda existencia.


Compartir y Justicia, Fraternidad y Libertad no son conceptos nuevos.

Desde el principio de los tiempos la humanidad ha unido su aspiración con estas estrellas que llaman.

Ahora, amigos Míos, anclémoslas en el mundo.


A través vuestro, amigos Míos, si queréis, Yo puedo trabajar.

A través vuestro, Mis queridos amigos, cambiaré el mundo.

A través de vuestro servicio voluntario, queridos Míos, la Nueva Era será construida.

Asumid sobre vosotros este desafío.
Asumid sobre vuestros hombros esta carga de Luz.
Ayudadme, amigos y hermanos Míos, a establecer esa Luz en el mundo y a crear para todos los hombres la circunstancia de Paz y Alegría.

Mi Aparición ante vosotros está próxima.
Mirad atentamente, amigos Míos, y no Me perdáis.
Llevadme a vuestros corazones y hacedme vuestro Amigo.
Aceptadme como uno de vosotros y seguidme hacia vuestro Origen.

Que la Luz, el Amor y el Poder Divinos del Único y Santísimo Dios se manifiesten ahora en vuestros corazones y en vuestras mentes.
Que esta manifestación os lleve con alegría a Sus resplandecientes pies.

# Mensaje Nº 106
*12 de Junio de 1980*

Mis queridos amigos, estoy verdaderamente feliz de estar una vez más con vosotros de esta manera.

Estoy feliz, también, de ver alrededor de vuestras cabezas la luz de la Aspiración y del Amor.
Estos aspectos, amigos Míos, os llevarán con seguridad a los pies de Dios.

Permitidme hablaros una vez más sobre el Amor, sobre el Compartir y la Justicia, porque estos son la base y la cima de vuestras vidas.
Cuando la humanidad conozca el Amor, la Justicia y el Compartir, la humanidad conocerá a Dios.

¿No es posible que hayáis oído hablar antes del Amor y, sin embargo, lo encontréis difícil de manifestar?
¿Por qué debe ser esto así, amigos Míos, cuando vuestra naturaleza es el Amor mismo?
Esencialmente vosotros sois Dios, y Dios y Amor son Uno.
Manifestad Aquello que sois, Mis hermanos y hermanas, y convertíos en los Dioses que sois.
No hay camino más rápido hacia Dios que a través de la manifestación del Amor, la Justicia y el Servicio.
Servid y creced en el Amor, amigos Míos, y realizad vuestra Divinidad.

Creced a través del Amor y el Servicio y venid conmigo hacia vuestro Origen.
Permitidme conduciros hacia allí, hermanos Míos, y presentémonos juntos ante Aquel que Resplandece, arrodillémonos a sus divinos pies y conozcamos la felicidad de la Paz de Dios.

Cuando Me veáis, veréis a un sencillo Hermano y Amigo, pero Uno que conoce el Sendero hacia Dios, lo ha recorrido hace mucho tiempo y intenta enseñaros el Camino.

Dejad que os muestre, amigos Míos, que este sencillo Camino está abierto a todos los hombres.

Yo os ayudaré a poner vuestros pies sobre este Luminoso Sendero y os guiaré hacia Él.


Apresuraos en conocerme.

Apresuraos en servirme.

Dad a conocer Mi Presencia entre vosotros.

Estad listos para escuchar.

Juzgad con sabiduría.

Coged la mano de vuestro hermano, y juntos en confianza cambiaremos el mundo.


Que la Luz, el Amor y el Poder Divinos del Único y Santísimo Dios se manifiesten ahora en vuestros corazones y en vuestras mentes.

Que esta manifestación os lleve rápidamente y con presteza a los pies de Dios.

# Mensaje Nº 107
*3 de Julio de 1980*

Mis queridos amigos, estoy verdaderamente feliz de estar otra vez con vosotros de esta manera, y de deciros que Mi Emerger prosigue rápidamente.


Pronto, ahora, muchos más de vuestros hermanos se harán conscientes de Mi Presencia.

Yo les hablaré del Amor, de la necesidad de manifestar este principio divino, para que todos los hombres puedan vivir dentro del Aura de Dios.

Dios y Amor son idénticos.

Cuando el hombre ama, da un paso hacia Dios.

Este Sendero del Amor, Mi sencillo Camino, conducirá ciertamente al hombre hacia su Origen.


La principal necesidad hoy es la transformación de las estructuras en las cuales vivís ahora.

Vuestra civilización, amigos Míos, se está muriendo – no, ya está muerta.

De sus cenizas nacerá una nueva belleza, cuya base es el Amor, la Justicia y el Compartir.

Haced que Estos sean vuestros objetivos, amigos Míos, y conoced el significado de Dios.

Haced que Estos sean vuestros objetivos, amigos Míos, y conoced el significado de una vida plena y feliz.

Consagraos a estos aspectos divinos, hermanos Míos, y cumplid el Plan.


Mi Enseñanza es sencilla.

Yo hablo en términos sencillos.

Todos los hombres pueden comprenderme.

Todos los hombres pueden amarme.

Sabréis que todo esto es verdad cuando veáis Mi rostro, porque ese rostro, amigos Míos, se asienta siempre dentro de los corazones de quienes aman a sus hermanos.

Mis Maestros asimismo están volviendo entre vosotros.

Ocupando Sus puestos en vuestras ciudades, Ellos están enseñando los caminos del Nuevo Tiempo, estableciendo en vuestras filas a vuestros líderes, aquellos que conocen el Plan.

Que podáis pronto verles y reconocerles y darles vuestro apoyo.

Todo marcha bien, amigos Míos; no hay necesidad de temer.

La nube de la desesperación se está disipando de la Tierra.

Mi Presencia os lo garantiza.

Dad a conocer Mi Presencia entre vosotros, y acelerad Mi Emerger.

Dad a conocer Mi Presencia entre vosotros, y elevad los corazones de vuestros hermanos.

Dad a conocer Mi Presencia, y estad seguros de Mi constante Amor.


Mi corazón se abre a vosotros.

Mi Voluntad os apoya.

Mi Ley os guiará.

Mi Enseñanza os llevará hacia Dios.

Acoged en vuestro interior Aquello que os doy, y mostradlo al mundo.

Liberad dentro de vosotros Aquello que sois, y mostrad el Espíritu del Amor.

Tomad Mi mano, amigos Míos, y marchemos juntos hacia el radiante futuro.

Mi Bendición está con todos vosotros.


Que la Luz, el Amor y el Poder Divinos del Único y Santísimo Dios se manifiesten ahora en vuestros corazones y en vuestras mentes.

Que esta manifestación os lleve a verme rápidamente; y viéndome, conocerme, y conociéndome, servirme.

# Mensaje Nº 108
*4 de Septiembre de 1980*

Mis queridos amigos, estoy verdaderamente feliz de estar una vez más entre vosotros de esta manera.


Han ocurrido muchas cosas en el mundo desde que os hablé por última vez.

Muchas cosas buenas han tenido lugar, muchas que conciernen el futuro de todos los hombres y de todas las cosas en el mundo.

En primer lugar, Mi Mensaje prospera, Mi equipo de trabajadores crece, y establemente la voz de la Verdad es escuchada.

Cuando Me veáis, sabréis que Mi voz es la vuestra, porque Yo hablo por todos los hombres y mujeres de todas partes.

Yo expreso los pensamientos que florecen en corazones y mentes de Amor puro.

Yo hablo de las necesidades de todos, de Compartir y de Justicia.

Yo muestro a los hombres que el sendero hacia la Justicia es sencillo, el camino a seguir que llama a todos los hombres.

Yo hablo de la Verdad de Dios, de la Luz dentro de la humanidad, de la necesidad de Confianza, del Amor del hermano por su hermano.

De todo esto Yo hablo.


Pronto los hombres sabrán que su Representante está entre ellos, su Guía y Líder.

Confiando ellos responderán y Yo les mostraré el camino hacia el Nuevo y Bendito Tiempo.


Numerosas son las fuerzas que están contra nosotros, y contra la Verdad de Dios; sin embargo, amigos Míos, la victoria está asegurada.

No tengáis duda de ello.

Mi Plan es el Plan de Dios.

Nada puede oponerse a Su Voluntad.

Pronto veréis que el camino a seguir es más sencillo de lo que pensabais.

El camino a seguir, amigos Míos, os ha llamado desde el principio.
El camino hacia el futuro y el camino hacia Dios están unidos en Mi Plan.
Cuando ponéis vuestros pies en el sendero hacia la Justicia y el Amor, así comenzáis la ascensión hacia Dios.
Nada, esencialmente, cambia con Dios.

Amigos Míos, Mi Esperanza es grande; así también debe ser la vuestra.
Manifestad esa esperanza y alegre iniciativa, y preparad el camino por Mí.
Dad a conocer que Yo estoy aquí.
Dad a conocer el hecho de Mi Regreso.

Llamad a vuestros hermanos hacia Mí y alegremente propagad estas buenas nuevas.
Nada de lo que podríais hacer os proporcionaría un futuro mejor.
Mis Bendiciones están con todos vosotros.

Que la Luz, el Amor y el Poder Divinos del Dios Eterno se manifiesten ahora en vuestros corazones y en vuestras mentes.
Que esta manifestación os lleve rápidamente a trabajar por Mi Causa.

# Mensaje Nº 109
*11 de Septiembre de 1980*

Estoy con vosotros una vez más, Mis queridos amigos y colaboradores.


Mi corazón salta de alegría al ver la luz de la Aspiración brillando intensamente a vuestro alrededor.
Esto me confirma Mi concepto de los trabajadores en la Luz.
Hay muchos hoy que están listos para servir, esperando sólo Mi Llamada.
Esa Clamorosa Llamada resonará por todo el mundo y atraerá a los hombres de la Verdad a Mi Lado.
¿Por qué, entonces, es necesario temer?
Todo se hará bien en este tiempo venidero.
Yo, Maitreya, declaro que esto es así.
Yo, Maitreya, os doy Mi palabra: todo irá bien. Todas las cosas saldrán bien.
Por tanto, amigos Míos, no temáis.
Mantened la Luz en los corazones de los hombres, la esperanza y la confianza en el futuro, y conducidles hacia Mí.


Mi planes prosiguen con regularidad y bien.
Grande es el progreso que ha sido alcanzado.
Poco hasta ahora os puede parecer que se ha hecho, pero, amigos Míos, mucho de verdadero valor ya se ha realizado.
Cuando Me veáis reconoceréis esto, porque indicaré todas las formas de logro y confirmaré este progreso.


¿Por qué esperar a verme para actuar, cuando desde vosotros mismos en confianza podéis hacer mucho?
Tened un poco de confianza, amigos Míos, y actuad hoy como los guerreros de antaño, no esperando confirmación sino felices de estar en la vanguardia.
Haced saber a todos el hecho de Mi Presencia y venid gustosamente a Mi Lado.

Dad a conocer la necesidad de Compartir y de Justicia y posicionaos por la Libertad.
Haced saber, amigos y hermanos Míos, que estáis al lado de vuestro hermano.
Tomad la mano de vuestro hermano y guiadlo hasta Mí.

Mis Maestros están regresando uno a uno.
Pronto doce de Mis Hermanos estarán entre vosotros.
A través de Ellos y con Ellos Yo trabajo.
Permitidles conduciros y guiaros hacia vuestra gloria futura.

Mi plan es manifestarme pronto más abiertamente.
En cada acercamiento al público Mi audiencia responde más vivamente, y así es preparado Mi camino.

Estad preparados para Mi rostro, Mis palabras, Mi sencilla Enseñanza, y responded desde vuestros corazones.

Que la Luz, el Amor y el Poder Divinos del Único y Santísimo Dios se manifiesten ahora en vuestros corazones y en vuestras mentes.
Que esta manifestación os lleve a tomar parte en esta gran manifestación de la Voluntad de Dios.

# Mensaje Nº 110
*24 de Septiembre de 1980*

Mis queridos amigos, estoy verdaderamente feliz de estar una vez más con vosotros de esta manera.


Mi Plan prosigue.
Mis intenciones se cumplen.
Mi Amor se registra en los corazones de los hombres, y todos pronto sentirán Mi Presencia.
Dondequiera que hoy miréis, veis los resultados del cambio.
Mucho de lo que está sucediendo causa temor; pero, amigos Míos, nada debe temerse mientras Yo esté entre vosotros, porque Yo encarno la Voluntad de Dios.
Su Plan para el cambio necesita la destrucción de viejas formas.
Esto, amigos Míos, es inevitable y anunciará una nueva belleza.


Yo vine antes como un Hombre desatendido.
Estoy con vosotros de nuevo hoy para restablecer Mi Amor en vuestros corazones.
Cuando Me veáis sabréis esto y gustosamente os reuniréis a Mi alrededor.


Yo soy el Amor del corazón del hombre.
Yo soy la Paz de Dios.
Yo soy el Iniciador de los Pequeños.
Yo soy la Verdad entronizada.
Yo soy la Luz Misma.


Yo soy Amor sin límites.
Yo estoy cerca de vosotros.
Yo estoy en donde el Amor se manifiesta.
Yo soy el Creador de un estanque de Amor de donde todos los hombres pueden beber.

Llevadme dentro de vosotros y mostradme como Yo soy.

Hacedme vuestro y tomad la mano de vuestro hermano.

Conducidle hasta Mí y servid al Plan.

Amadme y trabajad conmigo y conoced la alegría del Servicio.

Venid conmigo, amigos Míos, hacia el Nuevo Tiempo, el Nuevo Mundo, la Tierra Nueva del Amor.

Allí adornémonos juntos con la Luz de la Verdad, el esplendor del Amor de Dios, y arrodillémonos ante Sus benditos pies.

Mis Bendiciones están con todos vosotros.


Que la Luz, el Amor y el Poder Divinos del Único y Santísimo Dios se manifiesten ahora en vuestros corazones y en vuestras mentes.

Que esta manifestación os lleve rápidamente a verme como vuestro Amigo y Guía.

# Mensaje Nº 111
*6 de Octubre de 1980*

Mis queridos amigos, estoy verdaderamente feliz de estar una vez más entre vosotros de esta manera.


Grande es el progreso que ahora se está haciendo.
Muchos son los que se vuelven hacia la Luz de la Verdad.
Establemente esta Luz crece, y los hombres esperan Mi Presencia con expectante deseo.


Nada ahora obstaculiza Mi Emerger.
Este prosigue a ritmo apropiado y presenta Mi rostro a los hombres.
Cuando vosotros mismos Me veáis, veréis a un Amigo y Hermano que os ha amado a través de los siglos, que os ha mostrado antes el camino, y que viene ahora para conduciros a casa.


Amigos Míos, no temáis actuar en Mi nombre.
Confiad en que Yo estoy aquí, y decid a vuestros hermanos esta noticia.
Dad a conocer la necesidad de Justicia, la manifestación de la Ley de Dios, y ved el comienzo de un Nuevo y Resplandeciente Tiempo.


Amigos Míos, hay muchos que niegan Mi Presencia y sin embargo actúan por Mí.
No temáis, por tanto, por el resultado de Mi Misión.
Todo se logrará, todas las esperanzas se cumplirán y la Promesa que os hago se mantendrá.
Yo os llevaré, cuando estéis preparados, ante Aquel que Resplandece, y al verlo reconoceréis a Dios.


Mi necesidad de servidores es grande.
Ayudadme pues y servid a vuestros hermanos.
Cerrad vuestras filas a Mi alrededor y decid no a la ola del temor.

Mis Maestros os ayudarán en este período difícil y os conducirán fuera del abismo.


Mi Enseñanza se difunde.
Sencilla es, pero recordad, amigos Míos, que encarna el Plan de Dios.
Donde el Plan echa raíces, las malas hierbas no crecerán.
Mis Bendiciones están con todos vosotros.


Que la Luz, el Amor y el Poder Divinos del Único y Santísimo Dios se manifiesten ahora en vuestros corazones y en vuestras mentes.
Que esta manifestación os lleve con la rapidez de una flecha hacia el corazón de Dios.

# Mensaje Nº 112
*14 de Octubre de 1980*

Mis queridos amigos, estoy verdaderamente feliz de estar otra vez con vosotros de esta manera.


Mi Emerger prosigue como estaba planeado.
Ahora más que nunca vuestros hermanos responden.
Cuando Me veáis, también vosotros acogeréis Mis Verdades en vuestro corazón.
De esto no tengo ninguna duda, porque conozco a Mi gente.


Muchos son los que ven un futuro realmente negro.
Abatidos por el temor, esperan el final.
Mi Promesa, es esta: para todos los hombres, nace un futuro bañado en la luz de la Verdad de Dios.
Escuchad esa verdad, hermanos Míos, y probad que esto es así.


Mi nombre pronto será conocido, pero por ahora Me veréis como a un Hermano entre hermanos, Uno de vosotros.
Cuando llegue el Día de la Declaración, sabréis que ese Hermano ya os ha enseñado más de una vez, os ha mostrado el camino hacia Dios y os ha transmitido las Enseñanzas de la Verdad de Dios.
Amigos Míos, ha llegado el momento de ampliar esa Verdad, mostraros que conocer a Dios es un acto creativo, conocer a Dios es entrar en la Deidad Misma.
Solo así podemos conocer la verdad de nuestra existencia.
En este tiempo venidero, ese conocimiento será vuestro.


Mi corazón está apenado por aquellos que ahora sufren innecesariamente, cuando tan pequeño cambio podría remediar su fortuna.
Amigos Míos, ¿cómo podéis permanecer aparte y observar a vuestros hermanos morir de suciedad, miseria y degradación?
Mi plan es salvar a estos, Mis niños, y mostrarlos a vosotros como hermanos.

Mi planes os conciernen a todos.

Todos los que están preparados para acompañarme hacia el Nuevo Tiempo son llamados.

Ayudadme, amigos Míos, a reconstruir vuestro mundo, y a enviarlo en su misión de Luz.

El tiempo es realmente corto hasta que Me veáis.

Haced el mejor uso de este corto tiempo para hablar a vuestros hermanos de Mi Presencia.

No hay nada que podáis hacer de más valor que esto.

La esperanza crece, amigos Míos.

La esperanza está entre vosotros.

Una nueva Luz nace en el mundo, y la humanidad conocerá la Alegría.

Que la Luz, el Amor y el Poder Divinos del Único y Santísimo Dios se manifiesten ahora en vuestros corazones y en vuestras mentes.

Que esta manifestación os lleve a ver el futuro en términos de Alegría.

# Mensaje Nº 113
*26 de Noviembre de 1980*

Mis queridos amigos, estoy verdaderamente feliz de estar una vez más con vosotros de esta manera, y de saludaros como un Hermano. Esta es mi verdadera condición en relación con la humanidad, y como realmente un Hermano trabajaré por vosotros, mostrando el sencillo sendero hacia el futuro, el Camino Luminoso hacia Dios, revelando las Leyes de Dios.

Mis planes prosiguen bien.
Todos los aspectos avanzan rápidamente.
Siendo esto así, os queda realmente poco tiempo para crear el clima de esperanza.
Una vez más, amigos Míos, os exhorto a este fin.
Mucho podéis hacer con medios sencillos.
Revelad el hecho de Mi Presencia en el mundo y abrid al futuro los corazones de los hombres.

Mis planes tienen muchas fases.
Desde ahora entro en una de ellas.
Antes de que termine este año, habré completado la fase de acercamiento.
Con el comienzo de 1981, se iniciará la de más amplia visión.
En este inmediato futuro, Mi rostro será conocido por millones.
A partir de ese momento se difundirá en el exterior el conocimiento de Mi Presencia.
Ocupad entonces, amigos Míos, vuestro lugar en la vanguardia y trabajad por Mí.

Son muchos los que ahora esperan Mi Presencia, esperan Mi Regreso.
¿Cómo podría Yo defraudar a estos bienaventurados?
No, amigos Míos, desde el corazón de los hombres se ha elevado el grito y a ese grito de socorro Yo he respondido.
Igualmente, de Mí vendrá un grito de ayuda.

De Mí surgirá el grito del corazón de los hombres.

En vuestra respuesta a este clamor de angustia encontraréis vuestra divinidad.

Así será, amigos Míos.

Así reconoceré a Mi gente.

Asumid sobre vosotros el dar a conocer Mi Presencia, y revelaos como Dioses.


Que la Luz, el Amor y el Poder Divinos del Único y Santísimo Dios se manifiesten ahora en vuestros corazones y en vuestras mentes.

Que esta manifestación os lleve a ver vuestro deber como trabajadores a Mi Lado.

# Mensaje Nº 114
*4 de Diciembre de 1980*

Buenas noches, Mis queridos amigos. Estoy feliz de estar una vez más con vosotros de esta manera.

Mi Emerger tiene lugar según la Ley.
Se emplea la mayor rapidez, pero el hombre mismo condiciona este progreso.
SI vosotros, amigos Míos, establecierais un claro clima de esperanza de que Yo estoy aquí, más rápidamente de hecho emergería.
Yo os presento, por tanto, este desafío.
Trabajad así por Mí, Mis queridos Amigos, y acelerad el Plan.

Mis Maestros están ocupando sus puestos entre vosotros en número creciente.
Pronto un grupo de doce de estos Hombres Divinos estará entre vosotros y os mostrarán conmigo el sendero hacia el futuro.
Mis Manos están atadas por una Ley que Me sujeta y Me limita.
Vosotros mismos condicionáis Mis acciones.
Haced mayor uso de esta responsabilidad y servidme a Mí y al mundo.

Preparaos para verme pronto.
Preparaos para verme en plena presencia física, y no Me perdáis.
Buscad a un Hombre que os mostrará el Sendero hacia Dios a través del Compartir y de la Justicia.
En términos sencillos realmente Yo os hablaré, y os llevaré hacia la manifestación de vuestra plenitud como Dioses.
Manteneos firmes en lo que sois, amigos Míos, y permitid a ese Dios florecer.
Mantened frente a vosotros la visión de un futuro verdaderamente radiante, y apoyad a vuestros hermanos.
Despertad en ellos la promesa que Mi Presencia trae, y atraed su ayuda.

Todo lo que Yo haga, lo haré a través de vosotros.
Sabed que esto es verdad, amigos Míos, y trabajad por Mí.
Dad a conocer el hecho de Mi Regreso.
Dad a conocer la Promesa para todos los hombres.
Haced saber dónde os halláis, amigos Míos, y remediad la fortuna de vuestros hermanos.


Cuidadosamente presento Mi rostro al público.
Progresivamente estoy siendo conocido.
De esta manera, dentro de la Ley, Yo Me revelo de nuevo.
Tened cuidado, amigos Míos, de no perderme.
Buscad bien entre los instructores.
Estoy agradecido por el trabajo ya realizado.
Mi Bendición está con todos vosotros.


Que la Luz, el Amor y el Poder Divinos del Único y Santísimo Dios se manifiesten ahora en vuestros corazones y en vuestras mentes.
Que esta manifestación os lleve a veros unos a otros como a vosotros mismos.

# Mensaje Nº 115

*9 de Diciembre de 1980*

Estoy aquí, amigos Míos, una vez más entre vosotros, y feliz de que así sea.


Mi trabajo prosigue bien.
Mis planes entran en una nueva fase.
Mi horizonte se amplia, y a su debido tiempo todos Me verán.


Mis condiciones se están cumpliendo.
Muchos ahora en el mundo aceptan la necesidad de cambio, aceptan que el Compartir y la Justicia son fundamentales para el progreso del hombre.
Esta realización misma cambiará vuestro mundo.
Muchos hay, sin embargo, que olvidan que el hombre es un Dios, que en todos los hombres se asienta este Ser Divino, y que negarían esta verdad.
Haced saber, amigos Míos, vuestra postura en esta cuestión y mostrad vuestra luz al mundo.
Yo necesito a todos aquellos en quienes la Luz de la Verdad brilla resplandecientemente.
Yo os llamo.
Yo os llamo a Mi lado.
Venid conmigo, amigos Míos, y encended un sendero de Luz hacia el futuro.


Mi Llamada no es ignorada.
Muchos hoy se alegran con la promesa que Mi Presencia trae, pero muchísimos más esperan estas buenas nuevas.


Asumid sobre vosotros esta labor, amigos Míos:
Haced saber que Yo estoy aquí, y abrazad Mi Causa.
Trabajad así por vuestros hermanos y conoced la alegría del Servicio.
Revelad así, amigos Míos, el Dios en vosotros.

El momento de Mi Emerger es preciso.
Todo se desarrolla de acuerdo con este plan.
Buscad, entonces, a un Hombre que hable de Compartir y de Justicia, un Hombre como vosotros, de sencillez y Verdad.
Tomad Mi mano, amigos Míos, y marchemos alegremente juntos hacia el radiante futuro.

¿No podéis oír la Llamada? Surge de Mi corazón.
¿No podéis oír el grito de angustia? Surge del corazón del hombre.
Ese grito Me ha traído aquí.

Que la Luz, el Amor y el Poder Divinos del Único y Santísimo Dios se manifiesten ahora en vuestros corazones y en vuestras mentes.
Que esta manifestación os lleve adelante en el Sendero hacia Dios.

# Mensaje Nº 116

*18 de Diciembre de 1980*

Mis queridos amigos, estoy feliz de saludaros en estos momentos de alegre celebración, y hablaros una vez más del Amor.

El Amor Bendito, Mis hermanos y hermanas, es la naturaleza de Dios.

Esto, teóricamente, quizás lo sabéis, pero ¿cuántas veces Se manifiesta?

Con Nosotros, amigos Míos, el Amor es primordial en Nuestras vidas.

Mis Hermanos y Yo formamos el Centro del Amor en este mundo.

Yo soy su Corazón, y del Corazón del Amor mismo fluye la Sabiduría y la Alegría.

Conoced estos, Mis queridos amigos, y conoced la naturaleza de Dios.

Mis Discípulos trabajan para establecer en vuestros corazones la capacidad de Amar.

Cuando ese aspecto divino se haga manifiesto en vosotros, Mi Cetro de Poder os traerá a Nuestras Filas.

Apresuraos pues a uniros a Nosotros, y realizad vuestras vidas.

Hermanos Míos, el mundo anhela Amor, la manifestación de la Fraternidad y la Justicia.

Ayudadme a crear en el mundo esa Alegría Bendita.

Ocupad vuestro lugar a Mi lado, y trabajad como nunca antes.

Ayudadme, amigos Míos, a crear un estanque de Amor tan profundo que todos los hombres puedan aplacar su sed.

Mi Enseñanza es sencilla: Justicia y Amor, Compartir y Paz llevarán a los hombres hasta Dios.

Así ha sido siempre.

Sabed esto y seguidme.

Mis planes para el futuro están determinados.

Mi Emerger se acelera.

Mi rostro será visto por millones, y pronto el mundo prestará atención.

Que esto, amigos Míos, agudice vuestro apetito por Mi Causa.

Trabajad bien, amigos Míos, y presentad a vuestros hermanos la promesa de Mi Presencia.

Mucho puede ser aprendido del estudio de vuestros libros, pero muchísimo más del servicio al mundo.

Servid entonces, hermanos Míos, y desempeñad vuestras partes designadas.


Mi Causa triunfará.

Mi Ley prosperará.

Mi Amor unirá a todos los hombres.

Mis Bendiciones están con todos vosotros.

Buenas noches, Mis queridos amigos.


Que la Luz, el Amor y el Poder Divinos del Único y Santísimo Dios se manifiesten ahora en vuestros corazones y en vuestras mentes.

Que esta misma manifestación os muestre el Sendero hacia Dios.

# Mensaje Nº 117
*5 de Febrero de 1981*

Mis queridos amigos, estoy verdaderamente feliz de estar una vez más entre vosotros de esta manera.


Muchos son los cambios que resultan de Mi Presencia entre vosotros.
Muchos son los acontecimientos que ahora se revelan.
Observad cuidadosamente, amigos Míos, y descifrad las señales.


Mis Huestes se expanden.
Mi Ejército crece en número.
Mis guerreros están listos para el combate y Mis Generales cabalgan.
De esta forma, Mis hermanos y hermanas, todo está siendo preparado.


Mi plan se está cumpliendo.
Mi Amor enciende un nuevo aspecto en el hombre, y la Nueva Luz nace.
Mi Promesa es esta: pronto por vosotros mismos veréis un mundo en cambio, un mundo que se transforma ante vuestros ojos.
Lo viejo da lugar a lo nuevo, y el hombre se encuentra en el umbral de la Verdad.


A dónde vais, amigos Míos:
estáis conmigo o definitivamente contra Mí y vuestro hermano, porque Mi labor es mostraros que el camino del hombre es el seguro Sendero del Amor.


A través de la Justicia y el Compartir, ese Amor, hermanos Míos, se manifestará.
Prestad atención, pues, a Mis palabras.

Buscad dentro de vosotros y descubrid la disposición para compartir.
Eliminad de vuestros hombros el peso de la culpa y del sufrimiento.
Eliminad para siempre la blasfemia de la separación, la soledad y el temor.
Prestad atención, amigos Míos, y haced esto; hacedlo ahora.


Sabed que Mi Amor os sostendrá.
Mi Ley os guiará.
Mi Enseñanza os mostrará el futuro para todos los hombres, un futuro bañado en la luz de la Verdad Viviente.


Llevadme a vuestros corazones, amigos Míos, y conocedme como a un Hermano.
Manifestad Aquello que Yo soy y reconstruid el mundo.
Elevaos por mi Amor al seno de Dios.


Que la Luz, el Amor y el Poder Divinos del Único y Santísimo Dios se manifiesten ahora en vuestros corazones y en vuestras mentes.
Que esta manifestación os lleve a veros como Mis guerreros.

# Mensaje Nº 118
*10 de Febrero de 1981*

Mis queridos amigos, es con alegría que os hablo una vez más de esta manera y os revelo algunos hechos nuevos de Mi Emerger.

El progreso de Mi Emerger continúa bien.
Mis planes están siendo cumplidos.
Cada vez más de vuestros hermanos y hermanas Me escuchan y responden bien a Mi Llamada.
Sabiéndolo o no ellos, también, esperan Mi Presencia y a ese hecho responden.
Ellos están preparados hoy para recibir los medios del cambio, los esquemas de la Nueva Dispensación para este mundo.
Ellos están preparados para dar la bienvenida al nacimiento de esta Nueva Era que llama a todos hacia la divinidad.

Para progresar, el hombre debe morir al pasado.
Así ha sido siempre.
Por ello, amigos Míos, en este tiempo de cambio hay que renunciar a las viejas estructuras, y sencillamente, en la Fraternidad, todos los hombres deben compartir.

Hay planes en marcha para acercarme más a vuestros ojos como nunca antes.
Igualmente, se han tomado medidas que Me acercarán a los oídos de muchos.
De esta manera emprendo el sendero de Mi Misión.

Cuando Me veáis, amigos Míos, veréis a un Hermano y un Amigo; veréis a Alguien que conoce el Camino, recorrido hace mucho tiempo.
Mi labor es llevaros conmigo por ese sencillo Camino y liberar en vosotros vuestra divinidad.

Cuando Mis Maestros sean conocidos, ellos también os mostrarán los pasos por ese Sendero.

Ellos están preparados para emerger y para tomar las manos de los hombres.

Haced que vuestra labor sea, amigos Míos, que esto se conozca, y divulgad la realidad de Mi Venida.

Decid al mundo que Maitreya está aquí.

Decidles esto, hermanos Míos, y despertad en ellos, también, una esperanza cierta para el futuro.

Buenas noches, Mis queridos amigos.


Que la Luz, el Amor y el Poder Divinos del Único y Santísimo Dios se manifiesten ahora en vuestros corazones y en vuestras mentes.

Que esta manifestación os lleve corriendo alegremente a Mi lado.

# Mensaje Nº 119
*19 de Febrero de 1981*

Mis queridos amigos, estoy con vosotros una vez más y feliz de así hacerlo.


Mis planes se revelan.
Mi Amor estrecha los corazones de la humanidad, y lentamente pero con seguridad los hombres se vuelven hacia la Luz.
Todo irá bien; esto lo prometo.
Mi Presencia indica el verdadero futuro del hombre, porque sin Mi Amor el hombre tristemente se extraviaría.
Mis métodos tienen éxito, sin embargo, y no hay nada que temer.


Actualmente, Me veréis bajo una nueva apariencia, presentando a los hombres las opciones que se encuentran ante ellos, delineando para vosotros las posibilidades del futuro, y desvelando las Leyes de Dios.
Estas Leyes, amigos Míos, envuelven vuestras vidas.
Sin el Plan de Dios, el hombre no es nada.
Recordad esto siempre y restableced el equilibrio.
Llevad siempre dentro de vosotros el significado de la grandeza del hombre, de la unidad del hombre con todas las cosas, y del alcance divino del hombre.
A pesar de todo, por sí mismo el hombre puede hacer poco.
Comprended esto y abrazad el Verdadero Sendero.


Mis planes están concebidos de tal manera que pronto sabréis que el Instructor de la Era ha llegado.
Las Leyes de Dios serán cumplidas, y todo se hará nuevo.


Buscadme entonces como vuestro Hermano y Amigo.
Buscadme entre vuestros hermanos.
Reconocedme por Mi Amor.
Reconocedme por Mi trabajo.
Ved en Mí al Dios que sois

Mi necesidad es grande por aquellos que trabajarán para dar a conocer Mi Presencia.

Asumid sobre vosotros esta labor y mostrad el camino.

Pronto, amigos Míos, todos sabrán que el Ungido está aquí.

¿Por qué esperar cuando podéis estar en la vanguardia?

Amigos Míos, no hay nada más elevado que podáis hacer.

Dad a conocer Mi Presencia, y habitad siempre en Mi Amor.

Dad a conocer Mi Presencia, y ved el futuro revelarse.

Revelad a los hombre que Maitreya está entre ellos, y permaneced a Mi lado.

Buenas noches, Mis queridos amigos.


Que la Luz, el Amor y el Poder Divinos del Único y Santísimo Dios se manifiesten ahora en vuestros corazones y en vuestras mentes.

Que esta manifestación os lleve rápidamente a convertiros en Mis heraldos.

# Mensaje Nº 120
*26 de Febrero de 1981*

Mis queridos amigos, estoy con vosotros una vez más, y con alegría veo la luz de la Aspiración alrededor de vosotros.
Esto Me confirma Mi conocimiento de vuestra disposición de trabajar por Mí.
Mi corazón se regocija a la vista de esta verdad interior que brilla desde el cáliz de vuestro corazón.
Haced sitio, amigos Míos, a esta Verdad en vuestras vidas y abrid ante vosotros la puerta del futuro.
Mi labor es iluminar el sendero hacia ese glorioso futuro para la humanidad; despertar en vosotros el principio del Amor; conduciros adelante hacia la manifestación de ese Amor, de unos hacia otros, y así atraer a todos los hombres hacia Dios.


Yo soy el Salvador que regresa.
Yo soy un Hombre entre los hombres.
Yo soy la Esperanza encarnada.
Yo soy Aquel que Restablece la Ley de Dios.
Yo soy el Medio del Conocimiento.


Yo traigo socorro para todos los hombres.
Yo amo a Mis hermanos.
Yo considero a todos los hombres como Uno.
Yo enseño la Ley de Dios.
Yo combino Dos Senderos.
Yo busco servir al mundo.
Yo amo la Justicia.


Yo vengo a tiempo.
Yo compenso el equilibrio del mundo.
Yo Me comprometo a la labor.
Yo adoro la Libertad.

Yo percibo la disposición de los hombres.
Yo dejo nada al azar.
Yo invoco lo Nuevo.
Yo remedio los males pasados.
Yo transformo lo Viejo.
Yo toco vuestra frente.
Yo comando una hueste de ángeles.
Yo sirvo al Plan de Dios.
Yo abrazo a Mis hermanos.

Entrad conmigo en el Nuevo Amanecer y haced todas las cosas nuevas.
Revelad lo que Yo soy a través de vosotros y haced Mi Trabajo.
Expresad Aquello que sois y cread un Nuevo Mundo.
Que Mi manifestación os revele como Dioses.

Que la Luz, el Amor y el Poder Divinos del Único y Santísimo Dios se manifiesten ahora en vuestros corazones y en vuestras mentes.
Que esta manifestación quite de vuestros ojos el velo de la ignorancia.

# Mensaje Nº 121
*3 de Marzo de 1981*

Amigos Míos, una vez más estoy con vosotros.


Pesados, ahora, son Mis deberes, pero gustosamente, con alegría, regreso al mundo.
Mi trabajo puede ser aligerado con vuestra ayuda.
Os presento ahora la oportunidad de trabajar así por Mí, y de decir al mundo que Yo estoy aquí.
Dad esto a conocer, amigos Míos, a escala mundial, y formad una red de Esperanza que sustentará al mundo.


Mi Misión prosigue bien y según el plan.
Todo progresa legítimamente y a su debido tiempo.
Mi rostro y Mis palabras están siendo cada vez más conocidos por vuestros hermanos, y pronto todos los hombres sabrán de Mi Presencia.
Cuando revele Mi verdadera identidad y condición, haré un llamamiento al amor del corazón de los hombres para rehacer este mundo angustiado; para eliminar el temor de muchos; para restablecer el derecho de nacimiento de millones de vuestros hermanos; para volver a despertar en vuestros corazones el Amor de Dios.


Recién regresado, sólo he empezado Mi Misión.
Cuando los pasos que Yo preveo hayan sido dados, Mi verdadera Enseñanza comenzará.
Entonces os revelaré el conocimiento de vuestra divina herencia, despertaré en vosotros una nueva percepción de la Verdad, encenderé en vuestros corazones el Amor de Dios, y os revelaré las Leyes de Dios.


Asumid sobre vosotros una parte de Mi carga, y ayudadme a restablecer el equilibrio necesario.
Asumid sobre vosotros la labor de socorro y mostraos como Mis servidores.

Mantened ante vosotros la visión del futuro que Yo encarno, y subid la escalera hacia Dios.

Estad preparados para verme pronto.
Estad dispuestos para trabajar conmigo.

Que la Luz, el Amor y el Poder Divinos del Único y Santísimo Dios se manifiesten ahora en vuestros corazones y en vuestras mentes.
Que esta manifestación os lleve a ver claramente Mi Presencia en el mundo.

# Mensaje Nº 122
*18 de Marzo de 1981*

Mis queridos amigos, estoy verdaderamente feliz de estar una vez más entre vosotros de esta manera.


Igualmente, estoy feliz de ver la luz de la Aspiración que, como siempre, envuelve a aquellos comprometidos.

Mi necesidad de estos es grande hoy.

Nunca antes en la historia de este mundo el hombre se ha encontrado en mayor necesidad de aquellos que aman a sus hermanos, que los aman y desean, por encima de todo, servirles.

Ese fuego de Servicio y Amor, creedme, arde hoy vivamente en los corazones de muchos.

Sólo por esta razón, yo puedo decir con toda confianza que Mi Misión triunfará.


Grande, aún, es el trabajo que debe realizarse.

Muchos son los obstáculos que deben apartarse, pero diariamente crecen las huestes de Luz y en éstas, Mi gente, sé que puedo confiar.


Mi Emerger tiene lugar según la Ley.

Muchos nuevas vías de acercamiento se abren ante Mí.

Muy pronto ahora, en pleno y visible hecho, sabréis que Yo estoy entre vosotros.

¿Cuándo añadiréis vuestro peso a la rueda, amigos Míos, Mis hermanos y hermanas?

Cada uno cuenta, por pequeño y frágil que sea.

Divulgad el hecho de que Yo estoy aquí, y llevad a vuestro trabajo la fuerza de Mi Amor.


Dejadme trabajar a través de vosotros y con vosotros para crear un estanque de Esperanza que elevará y mantendrá este mundo.

Juntos trabajemos, amigos Míos.

Juntos restauremos lo viejo con las resplandecientes vestiduras de lo nuevo.

Haced sitio en vuestros corazones a Mi Amor y reivindicad vuestro derecho de nacimiento.

Muchos hay que saben que Yo estoy aquí, pero para muchísimos más esta Bendición continuará siendo una esperanza perdida.
Enseñadles la Verdad, amigos Míos.
Dad a conocer vuestra convicción de que Maitreya está entre vosotros, camina por la Tierra una vez más, crea en vosotros y a través de vosotros la manifestación de vuestra divinidad esencial.
Dad a conocer esto, amigos Míos, y convertíos en los Dioses que sois.
Dad a conocer esto, hermanos Míos, y heredad la Tierra.
Dad a conocer vuestra convicción de que Yo estoy aquí, y marchad conmigo hacia la Luz del Nuevo Tiempo.
Cread conmigo ese glorioso futuro para todos los hombres.
Comprended conmigo la naturaleza de Dios y del hombre.
Amigos Míos, cuento con vosotros.
Sabed que en verdad queda poco tiempo.

Que la Luz, el Amor y el Poder Divinos del Único y Santísimo Dios se manifiesten ahora en vuestros corazones y en vuestras mentes.
Que esta manifestación acelere vuestro paso y os conduzca hacia Dios.

# Mensaje Nº 123
### *23 de Abril de 1981*

Mis queridos amigos, estoy verdaderamente feliz de estar una vez más con vosotros de esta manera.


Mis planes prosiguen con éxito.
Mis esperanzas se están cumpliendo.
Mi Emerger según la Ley tiene lugar, y todo va bien.


El crimen de la separación, de la división, del desorden, debe abandonar este mundo.
Todo lo que impide la manifestación de la divinidad del hombre debe alejarse de nuestro planeta.
Mi Ley tomará el lugar de la separación.
Mi Ley es la Ley del Amor, de la Fraternidad, de la Justicia y de la Verdad.
Sabed estas cosas y seguidme.
Mi Ley tendrá éxito, porque la Ley del Amor emerge del Ser de Dios, y así no puede fallar.


Mientras estoy con vosotros, os mostraré maravillas de las que no podéis soñar.
Os mostraré la naturaleza de Dios de una manera nueva.
Eliminaré de vuestros corazones el temor a la muerte, el temor a la vida misma, el temor a vuestro hermano y a vosotros mismos.
Os ayudaré a abandonar vuestra ignorancia, y caminar conmigo hacia la nueva Luz.


Busco vuestra ayuda para estas labores, hermanos Míos, porque nada de valor llega al hombre sino a través de sus propios esfuerzos. Así ha sido siempre.


Tomad Mi mano, amigos Míos, y os llevaré hacia una Tierra Nueva en la cual vuestra verdadera naturaleza como Dioses florecerá, en la cual todos los hombres juntos, como hermanos, realizarán su sueño de la vida.

Muchos esperan Mi Venida con cierto temor.
Nada, salvo el bien, crecerá en donde Yo pise.
Mi Promesa se mantiene:
Yo os revelaré la naturaleza vuestra y de Dios.
Yo os mostraré que para todos los hombres la vida es sagrada.
Yo crearé entre vosotros un estanque de Amor en cuyas aguas todos podrán calmar su sed.
Mi corazón hablará por vuestro corazón, Mi lengua por la vuestra.
Los dirigentes y la gente responderá, y todo se hará de nuevo.

Animaos, amigos Míos, Yo estoy entre vosotros.
Yo vengo para serviros, para vivir con vosotros y amaros, para conduciros y guiaros.
No miréis más a la oscuridad.
Mis Bendiciones están con todos vosotros.

Que la Luz, el Amor y el Poder Divinos del Único y Santísimo Dios se manifiesten ahora en vuestros corazones y en vuestras mentes.
Que esta manifestación os acerque a vuestra verdadera naturaleza como Dioses.

# Mensaje Nº 124
*30 de Abril de 1981*

Mis queridos amigos, es con placer que vengo una vez más entre vosotros de esta manera.


Yo vengo para deciros que todo prosigue según el plan.
Mi Emerger sigue un cierto ritmo y está bien concebido.
De esta manera puedo entrar silenciosamente en vuestras vidas como Uno de vosotros.
Así me conoceréis como a un Hermano, un Amigo y un Guía de todos vosotros.
Mis Maestros, también, ocupan Sus puestos entre vosotros y comparten Mi carga.
Os ofrezco la oportunidad de ayudarles a Ellos y a Mí, a compartir un poco el peso que Yo llevo ahora por vosotros.
Dad a conocer, amigos Míos, vuestra disposición a compartir, y mostrad el camino hacia el futuro.


Que podáis verme pronto, y cuando lo hagáis sabed que Mi corazón late con el vuestro, Mi Amor os envuelve siempre, Mi Voluntad os mantiene, Mi Escudo os protege.
Sabed esto, pues, y no temáis.


Aquellos que aman a sus hermanos son Mi gente.
Aquellos que están en el umbral del futuro son Mi elección.
Aquellos que conocen el camino son Mis alumnos.


Mostrad al mundo, queridos Míos, lo bien que se os ha enseñado.
Mostrad al mundo, amigos Míos, que vosotros defendéis la Justicia y el Amor, el Compartir y la Libertad, y manifestad Mi Ley.
Yo os pido que hagáis esto sabiendo que estáis aquí para este propósito.
Yo os pido que hagáis esto sabiendo que no Me fallaréis.

Yo Me presentaré ante vosotros como el Instructor de un nuevo camino para el hombre, como el Guía para salir del callejón sin salida, el lodazal de la desconfianza y el odio.
Como el Revelador de las nuevas Verdades Yo estoy entre vosotros.
Como el Disipador de las antiguas brumas de la ignorancia Yo estoy aquí.

No esperéis ni un momento más, sino actuad, Mis amigos y hermanos.
Mis Bendiciones están con todos vosotros.

Que la Luz, el Amor y el Poder Divinos del Único y Santísimo Dios se manifiesten ahora en vuestros corazones y en vuestras mentes.
Que esta manifestación os revele la verdad de vuestra presencia en la Tierra.

# Mensaje Nº 125

*11 de Junio de 1981*

Mis queridos amigos, es con gran placer que vengo una vez más entre vosotros de esta manera.


Mi Emerger planeado prosigue.

Cuidadosamente, según la Ley, muestro Mi rostro.

Nada obstaculiza este progreso salvo la creación de un estanque de esperanza, de un clima de expectación.

Cread esto, amigos Míos, y ayudad a Mi Causa.

Dad a conocer el hecho de Mi Presencia a todos los que quieran escuchar, y dad la bienvenida al Nuevo Tiempo.

Confirmad por vosotros mismos la realidad de Mi Regreso entre vosotros y comenzad la construcción del Nuevo Mundo.

Os invito a compartir conmigo esta labor vital y entrar en el Servicio Superior.


Muchos entre vosotros tienen miedo de hablar.

Muchos esperan que Mi Presencia sea realmente verdad pero temen la burla de sus hermanos.

Amigos Míos, vuestros hermanos necesitan de la esperanza que aporta este mensaje, para elevarles una vez más hacia el Luminoso Camino.

No escatiméis vuestros esfuerzos en Mi nombre, y compartid con vuestros hermanos aquello en lo que creéis.

No hay trabajo más elevado que podáis hacer por Mí.


Mis Maestros están entrando en el mundo Uno a Uno.

Pronto veréis los resultados de Su trabajo.


Un nuevo espíritu de Esperanza está entrando en la Tierra; a éste todos los hombres responderán.

No temáis, amigos Míos, pues el Camino es conocido, el Sendero para Nosotros es antiguo, el resultado está asegurado.

Mi Enseñanza os traerá una nueva pero sencilla Verdad, y os mostrará a vosotros mismos como a Dios.

Mi Enseñanza liberará en vosotros esa Divinidad, y fomentará, así, el Plan de Dios.


Muchos esperan Mi Venida con turbación, temerosos de perder todo lo que han amado, todo lo que han amasado y ganado.

No temáis, amigos Míos, porque la pérdida será la pérdida de la separación sólo, de la división y del temor, de la envidia y del odio.

Para liberar al mundo de esto, todo debe rehacerse.

Sabed esto, amigos Míos, y estad dispuestos a compartir, a ver a vuestro hermano como a vosotros mismos, a estrecharlo entre vuestros brazos y llamarle amigo.

De esta manera, hermanos Míos, manifestáis el Plan de Dios.

Para el cumplimiento de este Plan Yo trabajo y os llamo a Mi lado.

Trabajad conmigo, amigos Míos; juntos haremos todas las cosas nuevas.

Buenas noches, Mis queridos amigos.


Que la Luz, el Amor y el Poder Divinos del Único y Santísimo Dios se manifiesten ahora en vuestros corazones y en vuestras mentes.

Que esta manifestación os lleve a ver a vuestro hermano como a vosotros mismos.

# Mensaje Nº 126
*17 de Junio de 1981*

Mis queridos amigos, estoy feliz de estar de nuevo entre vosotros de esta manera.


Estoy feliz, también, de deciros que Mis planes prosiguen bien, con excelentes resultados.
Mi Misión es mostraros el Camino hacia Dios, revelaros el sencillo Sendero hacia vuestro Origen.
Comprendo que para muchos ese Sendero parece interminable y lleno de dificultades.
En verdad, amigos Míos, esto no es así.
Nosotros mismos condicionamos el Sendero cuando entramos en él.
Cuando nosotros somos el Sendero, el Camino se abre ante nosotros, según la Ley.
Sencillo es en verdad el Sendero hacia Dios.
Sencillos son en verdad los pasos por tanto, y muchos son los ayudantes y guías que hay en el Camino Sagrado.


Mis planes conciernen a cada uno de vosotros.
Todos tienen un lugar en el Plan de Dios.
Cuando comprendáis esto, veréis que el Plan de Dios es la esencia de vuestras vidas y sostiene e informa a todo Ser, porque el Plan de Dios es la naturaleza de Dios Mismo.


Vosotros, amigos Míos, no sois de ningún modo diferentes a Dios.
Traed esa divinidad a la manifestación y convertíos en los Dioses que sois.


¿Dónde, entonces, están los obstáculos?
Estos, Amigos Míos, son creados por el hombre: la negación de la Ley, la separación del hombre con el hombre, del niño con el niño amado.

Cuando los hombres comprendan esto, el mundo respirará y resplandecerá de nuevo.


Haced que vuestra labor sea, entonces, enseñar la Ley del Compartir, de la Justicia y de la Verdad.
Ayudad a los hombres a que comprendan que sin Justicia y sin Amor manifestado, todo lo demás no es nada.
La humanidad se encuentra en el umbral de este descubrimiento de la Verdad.
Mi Presencia entre vosotros garantiza que esto es así.


Ayudadme, Mis hermanos y hermanas, en Mi Labor, e informad a todos los que conocéis que la necesidad de Justicia es primordial en nuestras vidas.
La carencia de esto por sí solo separa a los hombres y amenaza a la humanidad misma.
Sabed esto, amigos y hermanos Míos, y sabed que la Luz triunfará.


Esperad Mi Enseñanza con expectación y confianza.
Sabed que Yo estoy aquí y que trabajo por vosotros.
Decid esto a vuestros hermanos.
Decidles que Maitreya, el Señor del Amor, está entre ellos;
que el Instructor de la Era ha venido;
que el Nuevo Mundo desciende;
que la Nueva Luz llama;
que los corazones de los hombres están abiertos y preparados para la Verdad.
Decidles esto, amigos Míos, y preparad Mi camino.


Que la Luz, el Amor y el Poder Divinos del Único y Santísimo Dios se manifiesten ahora en vuestros corazones y en vuestras mentes.
Que esta manifestación os lleve a comprender vuestro lugar y valía en el Gran Plan.

# Mensaje Nº 127



Mis queridos amigos, estoy verdaderamente feliz de estar una vez más entre vosotros de esta manera.


Mis proposiciones inspiran a la humanidad.
Dondequiera que miréis en el mundo, la respuesta a Mi Mensaje se puede ver.
El principio del Compartir, básico para la vida de los hombres, ocupa la mente de los dirigentes.
Un grupo creciente de semejantes hombres despiertos hacen sonar la nota dominante del Nuevo Tiempo.
Así gustosamente veo la respuesta a Mi trabajo.


Amigos Míos, vosotros también podéis manifestar el Compartir en vuestras vidas; por todos los medios debe este principio divino gobernar.
Enseñad el Compartir a vuestros hijos, a los pequeños, y permitidles cultivar el Bien.
Mi labor es iluminar a todos los hombres; cambiar la ignorancia por verdadero conocimiento y fe; enseñar a los hombres que detrás de todo lo que ven se halla la Única Realidad, y de esta manera llevarles hacia Dios.


Mi plan es incluiros, amigos Míos, en Mi trabajo, porque a cada uno le es asignada una labor que cumplir.
Sabed, amigos Míos, que ahora vuestra labor es compartir conmigo la carga de la preparación, asumiendo sobre vosotros mismos una pequeña parte del trabajo, y dar a conocer Mi Presencia al mundo.


Cada uno interiormente sabe esto, sabe que Yo estoy aquí, porque cada uno Me ha invocado, Me ama internamente y, sabiéndolo o no, Me busca.
¿No es esto cierto, hermanos Míos?

Mis pautas son elevadas, pero también, lo es la recompensa.

La meta es nada menos que la completa identificación con Dios.

Alcanzad esto, amigos Míos, y conoced el significado de la Vida.

Mi labor es enseñaros el sencillo sendero hacia esa meta, conduciros paso a paso a lo largo del Camino Dorado, colocar ante vuestros pies los Preceptos y las Verdades requeridos, y afianzaros en ellos.

Mis Maestros, también, os guiarán a lo largo del Camino y os servirán como hermanos.

Amigos Míos, queda poco tiempo realmente antes de que veáis Mi rostro.

Animaos con este hecho y anunciad al mundo que el Señor del Amor está aquí, que Maitreya Mismo está entre vosotros, que el Instructor de lo Nuevo ha venido.

Haced que todos los hombres sepan esto, y sacadles de la desesperación.

Mi agradecimiento por acciones realizadas y Mi Amor, como siempre, fluye hacia todos vosotros.

Que la Luz, el Amor y el Poder Divinos del Único y Santísimo Dios se manifiesten ahora en vuestros corazones y en vuestras mentes.

Que esta manifestación os lleve a aceptarme como vuestro Hermano, Amigo y Guía.

# Mensaje Nº 128

*3 de Septiembre de 1981*

Mis queridos amigos, estoy verdaderamente feliz de estar una vez más entre vosotros de esta manera.


Puedo deciros que todo marcha bien, que todo prosigue según el plan.
Siendo esto así, cada día Mi rostro se hace cada vez más conocido a vuestros hermanos.
Pronto, por vosotros mismos, Me veréis y, con esperanza, aceptaréis Mi guía.


Mi plan es continuar Mi servicio en la sombra durante un poco más de tiempo.
De este modo, la humanidad puede declarar su aceptación de la Verdad, de la Nueva Luz que resplandece desde su corazón.
Muchos hoy se dan cuenta de que el camino hacia el futuro pasa por un orden nuevo y justo, una nueva Fraternidad del hombre, un nuevo espíritu de cooperación entre viejos enemigos.
Todo esto es posible hoy y se está llevando a cabo.


Una nueva luz, Mi Luz, brilla sobre la Tierra, y en su resplandor muchos quedan maravillados.
Trabajando para la Verdad, en beneficio de todos, ellos están sobrecogidos de su poder.
Igualmente, amigos Míos, dentro de todos vosotros está el poder de la Verdad.


Pronunciaos por la Justicia, la Libertad y la Vida, y equipaos con el Poder de Dios.
Nada puede oponerse al Poder de Dios.
Nada puede detener el Plan de Dios.
Nada, salvo por un momento, puede obstaculizar la Divina Voluntad de Dios.

Sabed que esto es verdad.
Recordad esto, amigos Míos, y trabajad como nunca antes.


Que podáis verme pronto.
Y cuando lo hagáis, amigos Míos, sabed que vuestro Hermano está entre vosotros, que vuestro Instructor ha regresado, que vuestro Guía para el Nuevo Tiempo está aquí.


Buscadme en los lugares sombríos, donde el hambre y la lucha abundan.
Conocedme como el Hermano de los pobres, de los marginados del mundo.
Vedme así, amigos y hermanos Míos, y ved al Señor del Amor.


Que la Luz, el Amor y el Poder Divinos del Único y Santísimo Dios se manifiesten ahora en vuestros corazones y en vuestras mentes.
Que esta manifestación os lleve a las puertas de los oprimidos.

# Mensaje Nº 129
### *8 de Septiembre de 1981*

Mis queridos amigos, una vez más estoy feliz de estar con vosotros de esta manera.


Amigos Míos, estoy verdaderamente contento con la respuesta de la humanidad.

Muchos ven a su alrededor un mundo caótico y peligroso, y así es exactamente.

Sin embargo, dentro del remolino de este aparente caos existe un tranquilo centro de calma, que engendra esperanza y cambio.

Amigos Míos, si vierais como Yo veo los cambios que ahora están ocurriendo, vuestros corazones saltarían de alegría como el Mío, porque por todo el mundo hoy el hombre está despertando al cambio, presentando los nuevos pensamientos e ideales que ahora prenden los corazones de los hombres.


Muchos de vosotros sois conscientes de que mucho bien se está realizando en el mundo, pero aún ocultos de vosotros permanecen los efectos profundos de Mi trabajo.

Estad por tanto alegres y contentos realmente.

Difundid ampliamente el ritmo y la luz de la Alegría y despertad en todos aquellos que encontréis la respuesta a estas buenas nuevas.

Amigos Míos, mucho queda por hacer.

Muchas cuestiones de peso atraen Mi atención.

Muchos son los problemas que esperan solución.

Sin embargo, grandes son los pasos ya realizados.

Sabed que esto es cierto y actuad en consecuencia.


Cuando Me veáis, oiréis de nuevo las antiguas Verdades.

De Mí vendrá el manifiesto de la verdadera relación del hombre con Dios.

Sabiendo esto, los que respondan progresarán hacia esa divinidad.

Haced que vuestra labor sea enseñar a los demás.
Decidles lo que sabéis del Amor y la Verdad.
Decidles que la manifestación del Amor es el sendero seguro hacia Dios.
Esta sencilla verdad subyace todo lo que Yo enseño.


Esperadme un poco más.
Vedme como vuestro Hermano y Amigo.
Conocedme como vuestro Guía y esperanza para el futuro.
Confiad en Mí y amadme como a un Hermano.
Conocedme como la manifestación del Amor de Dios.
Preparaos para verme pronto.
Preparaos para trabajar conmigo.
Preparaos para decir al mundo que creéis que Yo, Maitreya Mismo, estoy ahora entre vosotros.
Haced esto por Mí, amigos Míos, y entrad en la Vida.


Que la Luz, el Amor y el Poder Divinos del Único y Santísimo Dios se manifiesten ahora en vuestros corazones y en vuestras mentes.
Que esta manifestación os lleve a ayudar a los necesitados del mundo.

# Mensaje Nº 130

*20 de Octubre de 1981*

Mis queridos amigos, estoy verdaderamente feliz de estar una vez más con vosotros de esta manera.


Todo marcha bien, se augura un buen futuro.

Mis planes avanzan rápidamente e impulsan a la humanidad.

En cualquier parte del mundo donde miréis hoy hallaréis cambios.

De arriba a abajo las estructuras del viejo y decadente orden se están desmoronando.

De esto podemos derivar una gran satisfacción, porque a pesar de todo el dolor que implica este proceso, un mundo nuevo y mejor está emergiendo.

Por tanto, amigos Míos, confortaos por este hecho y mirad al futuro con esperanza.


Muchos de los que están a Mi alrededor ahora Me han reconocido, trabajan conmigo y canalizan Mi Fuerza.

Así silenciosamente Yo trabajo, reconstruyendo el mundo.

Ayudadles a ellos y a Mí, amigos Míos, y, también, reuníos a Mi alrededor, elevando a vuestros hermanos y hermanas hacia la Luz, y manteniendo en ellos la esperanza en el futuro.


Mis planes no fracasarán.

Mi Emerger tiene lugar.

Mis Dones Yo concederé.

Mis palabras guiarán.

Mi Voluntad fortalecerá.

Mi Enseñanza os mostrará la naturaleza de Dios.


Yo soy el Lugarteniente de Dios.

Yo soy el Hermano Mayor de los hombres.

Yo soy el Origen del Amor.

Yo soy lo Nuevo.

Yo encarno lo mejor del pasado.

Yo explicaré de nuevo la naturaleza de Dios y del hombre.
Yo os enseñaré a amar.
Yo estaré entre vosotros.
Yo estoy con vosotros siempre.
Mi corazón late al ritmo del vuestro.


Mis preparativos están bien realizados.
Mis servidores están listos.
Mi Verdad enciende una nueva Luz en los hombres.
Mi Objetivo es infalible.
Mi Espíritu está feliz.
Mis Maestros trabajan con Alegría.
Mi Orientación es vuestra para solicitarla.


Tomad Mi mano, amigos Míos, y dejadme conduciros a cruzar el río.
Dejadme guiaros a cruzar el angosto puente.
Dejadme mostraros la belleza que reposa en el otro lado.
Esa belleza, amigos Míos, es vuestro verdadero Ser.
Ayudadme, amigos Míos, a ayudaros, y juntos transformemos este mundo.


Que la Luz, el Amor y el Poder Divinos del Único y Santísimo Dios se manifiesten ahora en vuestros corazones y en vuestras mentes.
Que esta manifestación os lleve a veros como Mi avanzada.

# Mensaje Nº 131
*25 de Noviembre de 1981*

Mis queridos amigos, es verdaderamente un placer estar una vez más entre vosotros de esta manera, y de hablaros del progreso de Mi Emerger.

En los días que vienen, Me veréis tal como Yo soy.
Buscadme, amigos Míos, como un Hombre sencillo entre los hombres, registrando para esta época las esperanzas y temores de los hombres.
Vengo para mostraros, amigos Míos, que la era de la separación se termina, que el tiempo de la división llega a su fin.
Desde ahora, hermanos y amigos Míos, seréis testigos de un estímulo en el clima del mundo: una atmósfera más dulce de esperanza se introducirá en los asuntos de los hombres, una nueva llamada a la Justicia resonará por todas partes, y en medio de ese clamor Me encontraréis.

Yo apoyaré a todos aquellos que piden la Paz, la Justicia y el Amor fraternal.
Llamaré a Mi lado a todos aquellos que aman a sus hermanos.
De todas partes y de todas las naciones vendrán, reuniéndose a Mi alrededor.
Llenaré sus corazones de esperanza y de Amor, y en creciente número conquistarán el mundo.
Este proceso ha comenzado.
Ya las voces de la gente pueden oírse.
Cada vez más fuerte gritan por la Justicia, por la Paz para siempre.
Una esperanza renovada se adueña de la humanidad, y esto alegra Mi corazón.

Me veréis tan pronto ahora que, por el momento, no hay más que una acción que emprender.
Dad a conocer, con todo el poder de vuestra voluntad y mente, Mi Presencia en el mundo.

Dad a conocer, amigos Míos, que creéis que el Hijo del Hombre camina de nuevo, que el Portador de la Ley de Dios está entre vosotros, que la Luz de la Verdad llama de nuevo a los corazones de los hombres, que la transición hacia la Nueva Era será muchísimo más suave de lo que se supone, que Mi Ley prosperará, que Mi Emerger está en marcha.
Decid a vuestros hermanos, amigos Míos, estas verdades, y llevadles dentro de vuestra alegría.

Buscadme pronto, amigos Míos, escuchad Mis palabras,
recordad Mi Promesa: Llevaré a todos los que estén preparados ante el Trono de Dios.
Mis Bendiciones están con todos.

Que la Luz, el Amor y el Poder Divinos del Único y Santísimo Dios se manifiesten ahora en vuestros corazones y en vuestras mentes.
Que esta manifestación os lleve a permanecer firmes al lado de vuestro Hermano.

# Mensaje Nº 132

*10 de Diciembre de 1981*

Buenas noches, Mis queridos amigos. Estoy verdaderamente feliz de estar una vez más entre vosotros de esta manera.


Mi mensaje esta noche tiene como fin fortaleceros en vuestra creencia de Mi Presencia entre vosotros.

En verdad así es.

Desde Mi Descenso hasta ahora, he vivido como Uno de vosotros, un Hombre entre los hombres, conocido por vuestros hermanos como un Hermano y Amigo, conocido por ellos como un Consejero y Guía, como su Líder y Portavoz.

Así soy Yo, y así emerjo en el mundo.

Buscadme así, amigos Míos, Mis hermanos y hermanas, y sabed que una vez más el Señor del Amor camina sobre la Tierra.


Mi intención es mostraros el sencillo sendero hacia el futuro, un sendero que os conducirá directamente hacia Dios.

Tomad Mi Mano, amigos Míos, y juntos recorramos ese Sendero y conozcamos el significado de la Vida, conozcamos la bendición del Amor, conozcamos el propósito de Dios.


Yo soy el Avatar de esta Era venidera.

Yo soy el Mensajero enviado para mostraros el camino.

Yo soy el Infatigable, el Conocedor de la Verdad.

Yo soy llamado por todos los hombres.

Yo estoy esperando la hora del Emerger, para que todos puedan verme.


Yo apelo a vosotros, amigos Míos, para que esto se realice.

Haced saber que Yo estoy en el mundo.

Decid a vuestros hermanos esta verdad y cread entre vosotros un clima de esperanza.

Haced esto, amigos Míos, Mis hermanos y hermanas, y conoced el significado del servicio al mundo.

Haced esto por Mí, amigos Míos, y suscitad la esperanza de vuestros hermanos.
Haced esto por el mundo, hermanos Míos, y salvad al mundo.
Mi labor es clara.
La vuestra es responder.
Yo ya conozco la elección de los hombres.
Que estéis preparados cuando veáis Mi rostro.
Mis Bendiciones están con todos vosotros.


Que la Luz, el Amor y el Poder Divinos del Único y Santísimo Dios se manifiesten ahora en vuestros corazones y en vuestras mentes.
Que esta manifestación os lleve a comprender vuestro verdadero valor en esta época.

# Mensaje Nº 133
*16 de Diciembre de 1981*

Buenas noches, Mis queridos amigos. Estoy feliz de estar otra vez con vosotros.


Veo por encima y alrededor de vosotros la aspiración por la Verdad. Mi corazón se alegra ante esta vista.
Os llevaré, amigos Míos, hacia una esfera de conocimiento y de Verdad en la cual vuestra verdadera Divinidad será realizada.
Venid conmigo, amigos Míos, despertad a vuestro potencial y conoced la alegría de ser Dios.


Las respuestas a vuestros problemas son verdaderamente sencillas.
Muchas veces os he dicho que la voluntad de compartir debe gobernar vuestras vidas.
Una vez más os lo repito: sin Compartir ni Justicia, Mis hermanos y hermanas, el hombre no conocerá la paz.
Atended, pues, Mi consejo.
Tomad, pues, la única ruta abierta y confiad en el Compartir para aliviar la agonía del mundo.
Mi Enseñanza, así, es sencilla.
Conoced, pues, las alegrías de la Fraternidad.
El principio del Compartir os conducirá a ello.
Consagraos a esta causa y conoced la alegría del Servicio.
Consagraos a este trabajo y realizad vuestro potencial.
Haced saber por todos los medios vuestra postura en favor de la Justicia y la Paz, y ayudad a vuestros hermanos que sufren por todo el mundo.
Mi Enseñanza os mostrará que detrás de todas las apariencias se encuentra Aquello que llamamos Vida.
No hay nada más en todo el Cosmos.
Guardad siempre en vuestro interior este concepto, y realizad vuestra conexión con esa Vida.

Mis Maestros se están preparando para Su trabajo.

En número creciente entrarán en vuestras vidas y enseñarán.

Con Ellos como Amigos, Hermanos e Instructores, ¿cómo podéis fallar?

Con Su Presencia entre vosotros, ¿cómo podéis temer?

Sabed esto, amigos Míos, y mirad al futuro con esperanza.


Mi labor de socorro no hace más que empezar.

Cuando esté terminada, examinaré Mi trabajo y el vuestro, y miraré que todo esté bien hecho.

Mis Bendiciones fluyen hacia vosotros de Mi corazón.


Que la Luz, el Amor y el Poder Divinos del Único y Santísimo Dios se manifiesten ahora en vuestros corazones y en vuestras mentes.

Que esta manifestación os prepare para realizaros como Dios-hombres.

# Mensaje Nº 134



Mis queridos amigos, es con placer que os saludo de esta manera en este fin de año.

Muchos esperan el nuevo año con impaciencia.
Tienen razón, porque el año que viene traerá dones en abundancia, una alegre participación y celebración de la Voluntad de Dios.
La Fecha prevista para la Declaración se acerca.
En ese día, amigos Míos, veréis a vuestro Hermano manifestarse como el Mensajero de Dios.
Nunca antes en la larga historia del hombre tuvo lugar un acontecimiento de esta manera.
Que seáis bendecidos de estar con nosotros en ese día.

Mis Maestros, vuestros Instructores, aceptan la Llamada del Servicio y ocupan silenciosamente Sus puestos.
La vanguardia de Estos, Mis Hermanos, ya está entre vosotros.
Pronto Les reconoceréis por lo que son verdaderamente.
Dadles vuestra confianza y dejadles enseñaros los caminos de Dios.

Mi rostro permanece oculto a vosotros, pero Mis palabras no son extrañas a vuestras mentes.
Conocedlas como las palabras de vuestro Hermano que os ama, que anhela serviros, que os saluda como un amigo, que os conducirá a la otra orilla.

Intentad creer, amigos Míos, que Yo estoy aquí.
Intentad aceptar que vuestro Hermano de Antaño está entre vosotros, y aceptad el desafío que os presento.
Ayudadme y ayudad a vuestros hermanos a que conozcan Mi Presencia.
Dad el sencillo paso de la confianza y despertaos a vuestro verdadero valor.

Muchos Me esperan con temor, sin conocer la razón de su confusión.
Amigos Míos, dónde está el temor, no puede estar la confianza.
¿Por qué, entonces, aferrarse al temor?
Mi Presencia es evidente en todo vuestro alrededor.
Despertad a ese hecho.
Abrid vuestros ojos a los cambios en vuestro mundo, en vuestro propio corazón, en la Luz de la Alegría en los ojos de vuestro hijo.
Sabed que Yo estoy con vosotros en estas formas, amigos Míos, y ayudad a salvar al mundo.


Vuestros gritos han sido escuchados.
Vuestros anhelos han llegado a Mi corazón.
Vuestro dolor es el Mío.
Mi Tesoro os lo concederé.


Que la Luz, el Amor y el Poder Divinos del Único y Santísimo Dios se manifiesten ahora en vuestros corazones y en vuestras mentes.
Que esta manifestación os lleve a ver vuestro verdadero papel en este tiempo venidero.

# Mensaje Nº 135

*2 de Febrero de 1982*

Mis queridos amigos, estoy verdaderamente feliz de estar una vez más con vosotros de esta manera.


Mi Emerger prosigue.

Rápidamente, ahora, entro en el escenario del mundo.

En los próximos meses todos verán Mi rostro, oirán Mis palabras de Verdad, se reunirán a Mi alrededor en espíritu y seguirán Mi ejemplo.

¿Por qué, entonces, necesitáis temer?


Una condición de Mi Venida era que los hombres debían compartir.

Este principio divino ahora ocupa las mentes de muchos.

Ya los dirigentes se reúnen y buscan aplicar este principio.

Mi mensaje de Esperanza penetra el corazón de todos y estimula su amor por la Verdad.

Amigos Míos, estoy aquí con vosotros para mostraros el camino hacia la Paz, que es el camino hacia Dios.

La simple Justicia os llevará allí.

Conoced esto y cread a vuestro alrededor Justicia y Amor.

Conoced esto y estad preparados para responder a Mi iniciativa.


Mi Enseñanza es, como siempre, verdaderamente sencilla.

Los hombres deben compartir o morir.

No Me agrada decir esto, pero tal es la verdad, y muchos hoy ven esto.


Organizándose en grupos, hombres de buena voluntad blandirán en alto sus esperanzas y sus sueños de Justicia y de Paz.

Este clamor encenderá la antorcha de la Verdad entre las naciones, y en su centro Yo Me encontraré.

Haced espacio en vuestros corazones a Mi Verdad.

Haced espacio en vuestros corazones a Mi Amor.

Manifestad ese Amor a vuestro alrededor y descubrid el significado de la Vida.

Cread así las formas que en lo sucesivo os permitirán manifestaros como Dioses.

Haced esto con alegría, amigos Míos, y entrad en vuestra herencia.


Que la Luz, el Amor y el Poder Divinos del Único y Santísimo Dios se manifiesten ahora en vuestros corazones y en vuestras mentes.

Que esta manifestación os lleve a veros unos a otros como los Dioses que sois.

# Mensaje Nº 136
*25 de Febrero de 1982*

Mis queridos amigos, estoy verdaderamente feliz de estar una vez más con vosotros de esta manera, y deciros que Mi Emerger prosigue.

Igualmente, el de Mis Hermanos, los Maestros de Sabiduría, prosigue rápidamente.

Cuando Nos veáis sabréis que el Nuevo Tiempo, la Nueva Era, ha comenzado – el tiempo de Compartir y de Justicia, de Amor y de Fraternidad, el tiempo de la Ley de Dios.

Yo soy el Instructor de este Nuevo Tiempo.

Yo soy su Precursor.

Yo os revelaré aquello que os llevará rápidamente a casa.

Yo os daré estas instrucciones que liberarán en vosotros vuestra naturaleza divina.

De Mis Hermanos fluirá una corriente de fuego creador que encenderá vuestras lámparas y os llevará radiantes hacia Dios.

Mis Maestros no conocen nada que no sea Amor y Alegría.

Igualmente, amigos Míos, esta será vuestra herencia.

Apresuraos en proclamar vuestros derechos, y conoced el Amor y la Alegría de Dios.

Mi propósito esta noche es deciros que muchos de vosotros Me veréis pronto, Me conoceréis por Lo que soy, sabréis que el Señor del Amor está de nuevo entre vosotros, que el Instructor de Antaño camina sobre la Tierra una vez más.

Sabréis esto, amigos Míos, y se lo diréis a vuestros hermanos, preparándolos también para el Nuevo Tiempo.

Cuando Me veáis, no temáis: Yo no vengo para reprenderos sino para enseñaros.

Hay algunos entre vosotros que Me esperan como a un juez y temen Mi Venida.

Nada de lo que diga os decepcionará; nada de lo que haga os causará temor.

Sabed, amigos Míos, Mis hermanos y hermanas, que Yo soy vuestro Amigo, vuestro Hermano de Antaño, hollando de nuevo el Sendero de Antaño.


Sabed que Mi Amor está siempre con vosotros.

Sabed que Mi Escudo os protege.

Sabed que Mi Voluntad os sostiene.

Sabed esto, amigos Míos, y no temáis.


Aguardad Mi Emerger con esperanza.

Estad preparados para trabajar como nunca antes.

Enseñad a vuestros hermanos el hecho de Mi Presencia y proporcionadles, también, el don de la Esperanza.


Mis Bendiciones fluyen hacia todos vosotros.


Que la Luz, el Amor y el Poder Divinos del Único y Santísimo Dios se manifiesten ahora en vuestros corazones y en vuestras mentes.

Que esta manifestación os lleve a aguardar el futuro con esperanza.

# Mensaje Nº 137
*30 de Marzo de 1982*

Una vez más estoy con vosotros, Mis queridos amigos.

Con esperanza, Mi rostro pronto será visto por muchos de vosotros, pero, en cualquier caso, en el Día de la Declaración el mundo sabrá que Yo, Maitreya, el Hijo del Hombre, mora ahora entre vosotros.

He venido para mostraros las posibilidades que, como hijos de Dios, se extienden ante vosotros.
Mi corazón conoce vuestra respuesta, Me enseña vuestra elección, y despierta gran alegría.
Amigos Míos, Mi gente está por todas partes, preparándose para el Nuevo Mundo.
Su labor es enorme, su carga es pesada, su oportunidad insondable.
Muchos hay ahora que ven el camino a seguir, sostienen ante los hombres la Luz de la Verdad, y enseñan a los hombres a compartir y a amar, a estimar y confiar.
Muchos ahora han despertado a estos aspectos divinos, y piden la reestructuración de vuestro mundo.
Mi Fuerza está detrás de ellos.
Mi Amor los inspira.
Mi Voluntad los guía.
De esta manera, os conduzco hacia lo Nuevo.

Cuando Me veáis, sabréis que siempre he estado con vosotros, nunca lejos de vuestro corazón despierto.
Sabed esto y confiad que en este tiempo venidero no os abandonaré jamás, estaré con vosotros siempre, hasta el final de la Era.
Queda realmente poco tiempo hasta el día triunfal de Dios.
Creed esto y trabajad como uno para decir al mundo que Yo estoy entre vosotros.

Haced esto por Mí, amigos Míos, y conoced la verdadera alegría del servicio a vuestros hermanos.

Os pido que hagáis saber en esta fecha límite que Yo, el Señor del Amor, camina ahora entre vosotros.

Amigos Míos, queda poco tiempo.

Muchas manos y muchas voces son necesarias para proclamar esta verdad.

Yo ya conozco a aquellos con quienes puedo contar.

Un último esfuerzo, amigos Míos, y todo sucederá como he prometido.


Que la Luz, el Amor y el Poder Divinos del Único y Santísimo Dios se manifiesten ahora en vuestros corazones y en vuestras mentes.

Que esta manifestación os lleve a hacer el mejor uso del poco tiempo que queda.

# Mensaje Nº 138

*29 de Abril de 1982*

Una vez más estoy con vosotros, Mis queridos amigos.

Estoy aquí para deciros que Mi Aparición en el mundo está próxima.

Pronto, todo el mundo Me verá, Me conocerá y Me llamará Hermano.

Yo soy vuestro Hermano realmente, y regreso como tal para proclamar la verdad de la Presencia de Dios dentro de vosotros, para dirigir vuestros pasos hacia el futuro, para revelaros el Amor y la Voluntad de Dios.

Yo vengo sencillamente, como vuestro Hermano Mayor y Amigo, el Amante de la humanidad, el Instructor para todos los hombres.

Como guía de Mi grupo de Maestros estoy entre vosotros.

Como Hijo del Hombre apareceré ante vosotros.

En la creación de la Nueva Era Yo os guiaré.

En todas estas formas Yo ayudaré.

Mi corazón está henchido porque ahora comienza Mi Labor, henchido de Amor y Alegría en su realización.

Esa labor es llevaros conmigo de regreso a Dios, hacia el Origen de vuestro Ser, y mostrar a los que estén preparados Su radiante rostro.

Amigos Míos, Mis brazos están tendidos hacia vosotros.

Tomad con entusiasmo Mis Dones.

Elegid caminar conmigo hacia la Luz del futuro, y conoced el significado de la Alegría, el tesoro del Amor.

Haced esto, amigos Míos, y convertíos en Dioses.

Cuando Me veáis, reconoceréis a un Amigo de un pasado lejano, Uno que os ha enseñado muchas veces antes.

Muchos llegarán a saberlo, Me reconocerán, y Me permitirán entrar en sus vidas.

Llevad con vosotros esta Promesa:
Yo os restableceré la Ley de Dios;
Yo os traeré el Amor de Dios;
Yo liberaré en el mundo las Aguas de la Vida.
En esta preciosa corriente creceréis en vuestro derecho de naci-
miento.

Amigos Míos, si queréis ayudarme, haced esto: dad a conocer a
todos que Yo estoy entre vosotros y restableced a vuestros hermanos la esperanza en el futuro.

Mi Amor fluye siempre hacia todos vosotros.

Que la Luz, el Amor y el Poder Divinos del Único y Santísimo
Dios se manifiesten ahora en vuestros corazones y en vuestras
mentes.
Que esta manifestación os lleve pronto ahora a convertiros en Mi
gente.

# Mensaje Nº 139
*21 de Mayo de 1982*

Estoy una vez más con vosotros, Mis queridos amigos.


Vengo de nuevo para deciros que el Sendero hacia Dios es verdaderamente sencillo.
Mi camino, el Camino del Amor, traza la ruta más corta.
El Sendero del Regreso es el Sendero de la Alegría.
Conoced esta alegría y regresad a Dios.


Mi Mensaje es sencillo.
Acoged en vuestro interior aquello que Yo os concedo.
Ofrecedlo a vuestros hermanos con alegría, y os hallaréis en el seno de Dios.
Ningún hombre ha conocido a Dios sin compartir.
Todo Amor y toda Vida descansan en este aspecto divino.
Compartir, amigos Míos, es la piedra angular de vuestras vidas.
Edificad bien el Templo sobre ella.


Mi Aparición ante los hombres está próxima.
Ya Mi grupo es conocido.
Muchas son las vías hacia Mi morada.
Llamad suavemente en ella y Yo responderé.
Algunas de Mis Enseñanzas han sido reveladas.
Muchas están aún por revelar.
Mi deseo es abrir para vosotros el cofre del tesoro de Mi Sabiduría, y enseñaros todas las cosas relacionadas con Dios.
Permitidme hacer esto.


Permitidme compartir con vosotros Mi Unidad con el Padre, revelaros Su naturaleza, y conduciros a Sus pies.
Mi camino, el sencillo Camino del Amor, os llevará hasta Sus brazos.
Amigos Míos, hay mucho, mucho por conocer de la naturaleza de Dios.

Todo excepto un ínfimo fragmento permanece hasta ahora escondido para vosotros.

Con Mi ayuda llegaréis a conocer la gloria del Ser en el cual moráis, y del cual sois un reflejo.

Sabed esto y trabajad conmigo.

Sabed esto y permitidme guiaros.

Ved esto y tomad gustosamente Mis manos y aceptad vuestra herencia.


Muchos ahora esperan ver Mi rostro.

Pronto, pronto ahora, todos los hombres en todas partes conocerán la verdad de Mi Venida.

Maitreya, vuestro Amigo, vuestro Hermano de Antaño, está verdaderamente entre vosotros.

Buenas noches, Mis queridos amigos.


Que la Luz, el Amor y el Poder Divinos del Único y Santísimo Dios se manifiesten ahora en vuestros corazones y en vuestras mentes.

Que esta manifestación os lleve a aceptar rápidamente Mi Enseñanza.

# Mensaje Nº 140



Mis queridos amigos, estoy feliz de estar con vosotros una vez más, y de daros esta última comunicación de esta manera.

Ha sido Mi intención revelarme lo más pronto posible, no permitir ninguna dilación, y presentarme ante el mundo como vuestro Amigo e Instructor.

Mucho depende de Mi inmediato descubrimiento, porque de esta manera puedo ayudaros a salvar vuestro mundo.

Yo estoy aquí para ayudar y enseñar, para mostraros el sendero hacia el futuro, y revelaros unos a otros como Dioses.

Estoy seguro que comprendéis que mucho depende de las acciones de los hombres en los años venideros.

Todo el mundo sabe esto.

Todo el mundo tiene miedo.

Sin embargo, hay un creciente sentimiento de esperanza, una probabilidad de cambio, una respuesta a Mi Presencia, creando así una punto de tranquilidad en medio de la tensión.

Las esperanzas de Mi Aparición aumentan.

Gustosamente Me presentaría a la gente.

Buscadme pues, y encontradme esperando.

Buscadme pues, y tomad Mi mano.

Necesito vuestra ayuda para aparecer ante vosotros, para bendecir este mundo y enseñar, para mostrar a los hombres que el camino a seguir es sencillo, requiere sólo la aceptación de la Justicia y la Libertad, del Compartir y del Amor.

Estos aspectos ya se encuentran dentro de vosotros y sólo necesitan ser evocados por Mí.

Cristo está aquí, amigos Míos.

El Avatar ha venido.

Vuestro Hermano camina entre vosotros.
Mi Misión comienza.
Conocedme pronto y ayudad a vuestros hermanos a conocerme.
Tomad Mi mano y permitidme guiaros hacia Dios.


Que la Luz, el Amor y el Poder Divinos del Único y Santísimo Dios se manifiesten ahora en vuestros corazones y en vuestras mentes.
Que esta manifestación os lleve rápidamente a ver vuestros papeles en este tiempo heroico.

# La 'Mano' de Maitreya

Esta foto muestra la huella de la mano de Maitreya, manifestada milagrosamente en el espejo de un lavabo en Barcelona, España. No es simplemente una huella de mano sino una imagen tridimensional con detalle fotográfico.

Publicada por primera vez en la revista *Share International* (Octubre 2001), la 'Mano' es un medio para invocar las energías curativas y ayuda de Maitreya. Colocando la mano propia sobre ella, o simplemente mirándola, la curación y ayuda de Maitreya puede invocarse (sujeto a la Ley Kármica). Hasta que Maitreya emerja abiertamente, y veamos Su rostro, es lo más cerca que Él puede venir hasta nosotros.

*"Mi ayuda está a vuestra disposición, sólo tenéis que pedirla."*

Maitreya, el Instructor del Mundo, del Mensaje Nº 49

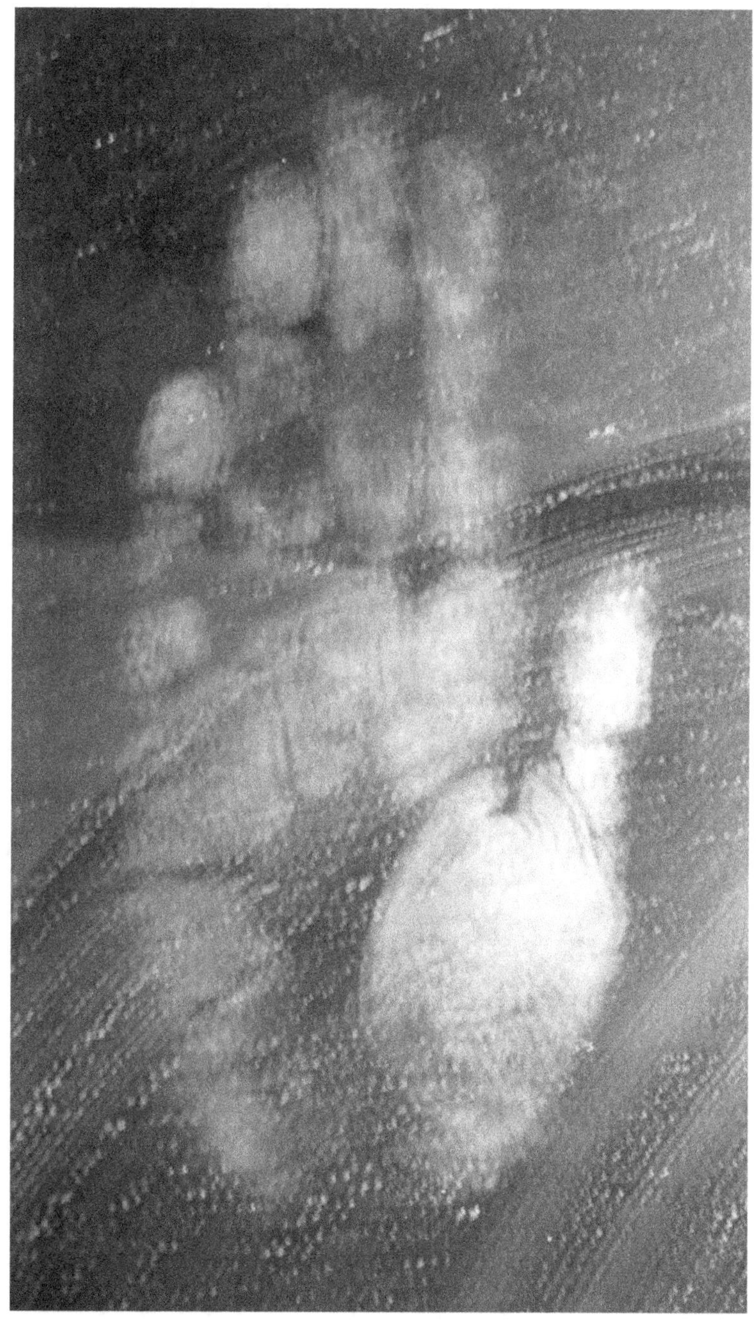

# Meditación de Transmisión
## — Una breve introducción —

**Una meditación grupal que proporciona tanto un servicio dinámico al mundo como un poderoso desarrollo espiritual y personal.**

La Meditación de Transmisión es una meditación grupal establecida para distribuir mejor las energías espirituales de sus custodios, los Maestros de Sabiduría, nuestra Jerarquía Espiritual planetaria. Es un medio de "reducir" (transformar) estas energías para que se vuelvan más asequibles y útiles para el público en general. Es la creación, en cooperación con la Jerarquía de Maestros, de un vórtice o depósito de energía elevada para el beneficio de la humanidad.

En marzo de 1974, bajo la dirección de su Maestro, Benjamin Creme formó el primer grupo de Meditación de Transmisión en Londres. Actualmente existen cientos de grupos de Meditación de Transmisión en todo el mundo y se forman grupos nuevos todo el tiempo.

Los grupos de Meditación de Transmisión proporcionan un enlace por el cual la Jerarquía puede responder a la necesidad del mundo. El motivo principal de este trabajo es el servicio, pero también constituye un poderoso método de crecimiento personal. Muchas personas están buscando formas de mejorar el mundo. Este deseo de servir puede ser poderoso, pero difícil de cumplir, en nuestras ajetreadas vidas. Nuestra alma necesita de un medio por el cual servir, pero no siempre respondemos a su llamada, y así producimos desequilibrio y conflicto en nuestro interior. La Meditación de Transmisión proporciona una oportunidad única para servir de una forma potente y totalmente científica con el mínimo de inversión de tiempo y energía.

Benjamin Creme realiza talleres de Meditación de Transmisión en todo el mundo. Durante la meditación él es adumbrado por Maitreya, el Instructor del Mundo, lo que permite a Maitreya conferir nutrición espiritual a los participantes. Muchas personas se inspiran para comenzar a practicar la Meditación de Transmisión después de asistir a tales talleres, y muchos reconocen haber recibido curación durante el proceso.

[Véase *Transmisión: Una Meditación para la Nueva Era* de Benjamin Creme, Share Ediciones]

# La Gran Invocación

Desde el punto de Luz en la Mente de Dios
Que afluya luz a las mentes de los hombres.
Que la Luz descienda a la Tierra.

Desde el punto de Amor en el Corazón de Dios
Que afluya amor a los corazones de los hombres.
Que Cristo retorne a la Tierra.

Desde el centro donde Voluntad de Dios es conocida
Que el propósito guíe a las pequeñas voluntades de los hombres—
El Propósito que los Maestros conocen y sirven.

Desde el centro que llamamos la raza de los hombres
Que se realice el Plan de Amor y de Luz
Y selle la puerta donde se halla el mal.

Que la Luz, el Amor y el Poder restablezcan el Plan en la Tierra.


La Gran Invocación, utilizada por el Cristo por primera vez en Junio de 1945, fue dada por Él a la humanidad para facultar al hombre a invocar las energías que podrían cambiar nuestro mundo y hacer posible el retorno del Cristo y la Jerarquía. Esta Oración Mundial, traducida a muchos idiomas, no está patrocinada por ningún grupo o secta. Es utilizada a diario por hombres y mujeres de buena voluntad que desean lograr correctas relaciones en toda la humanidad.

# La Oración para la Nueva Era

Yo soy el Creador del Universo.

Yo soy el Padre y la Madre del Universo.

Todo viene de Mí.

Todo regresará a Mí.

Mente, Espíritu y Cuerpo son Mis Templos,

Para que el Ser realice en ellos

Mi Supremo Ser y Devenir.


La Oración para la Nueva Era, dada por Maitreya, el Instructor del Mundo, es un gran mantram o afirmación con un efecto invocativo. Será una herramienta poderosa en nuestro reconocimiento de que el hombre y Dios son Uno, de que no hay separación. El 'Yo' es el Principio Divino detrás de toda creación. El Ser emana del Principio Divino y es idéntico a él.

La forma más efectiva de utilizar este mantram es decir o pensar el texto con la voluntad enfocada, mientras se mantiene la atención en el centro ajna en el entrecejo. Cuando la mente comprende el significado de los conceptos, y se ejerce la voluntad simultáneamente, estos conceptos serán activados y el mantram funcionará. Si se dice sinceramente cada día, crecerá en ti una comprensión de tu verdadero Ser.

(Publicada por primera vez en *Share International*, Septiembre 1988.)

# Libros de Benjamin Creme

(Ordenados según fecha de publicación en inglés)

***La Reaparición del Cristo y Los Maestros de Sabiduría***

El primer libro de Benjamin Creme proporciona la información básica y pertinente en relación al regreso de Maitreya, el Cristo. Colocando el acontecimiento más profundo de los últimos 2.000 años en su correcto contexto histórico y esotérico, Creme describe los efectos que tendrá la presencia del Instructor del Mundo tanto en las instituciones del mundo como en la persona normal y corriente. Los temas abarcan desde el alma y la reencarnación, a la energía nuclear, los ovnis, y un nuevo orden económico.

*1ª Edición 1989. 2ª Edición 1994. 3ª Edición 2020 ISBN Nº 84-89147-56-0 (Share Ediciones).* (Traducción de la 2ª Edición Inglesa)

***Mensajes de Maitreya el Cristo***

Durante los años de preparación para Su emerger, Maitreya dio 140 mensajes a través de Benjamin Creme durante conferencias públicas, utilizando el adumbramiento mental y la conexión telepática que surge de ello. Los Mensajes de Maitreya inspiran al lector para divulgar la noticia de Su reaparición y para trabajar de forma urgente en el rescate de las millones de personas que sufren de pobreza y hambruna en un mundo de abundancia. Cuando se leen en voz alta, los mensajes invocan la energía y bendición de Maitreya.

*2ª Edición 2020. ISBN Nº 84-89147-57-7 (Share Ediciones).* (Traducción de la 2ª Edición Inglesa)

***Transmisión: Una Meditación para la Nueva Era***

La Meditación de Transmisión es una forma de meditación grupal con el propósito de 'reducir' (transformar) energías espirituales que así se hacen asequibles y útiles para el público en general. Es la creación, en cooperación con la Jerarquía de Maestros, de un vórtice o estanque de energía superior para el beneficio de la humanidad.

Describe un proceso dinámico, presentado al mundo por el Maestro de Benjamin Creme en 1974. Grupos dedicados al servicio al mundo transmiten energías espirituales dirigidas a través de ellos por los Maestros de nuestra Jerarquía Espiritual. Aunque el principal motivo de este trabajo es el servicio, también es un poderoso medio de crecimiento personal. Se dan directrices para la formación de grupos de transmisión, junto con respuestas a muchas preguntas relacionadas con el trabajo.

*2ª Edición 2020. ISBN Nº 84-89147-59-1 (Share Ediciones).* (Traducción de la 6ª Edición Inglesa)

### *Un Maestro Habla, Tomo I*

La Humanidad está guiada, desde detrás del escenario, por un grupo de hombres altamente evolucionados e iluminados que nos han precedido en el sendero de la evolución. Estos Maestros de la Sabiduría, como son llamados, raramente aparecen abiertamente, sino que en general trabajan a través de Sus discípulos – hombres y mujeres que influencian a la sociedad a través de su trabajo en ciencia, educación, arte, religión y política.

El artista británico Benjamin Creme es un discípulo de un Maestro con El cuál está en estrecho contacto telepático. Desde el inicio de la publicación de Share International, la revista de la cual Benjamin Creme es uno de los dos editores jefes, su Maestro ha contribuido con una serie de artículos inspiradores sobre una amplia variedad de temas: Razón e Intuición, La Nueva Civilización, Salud y Curación, El Arte de Vivir, La Necesidad de Síntesis, La Justicia es Divina, El Hijo del Hombre, Los Derechos Humanos, La Ley del Renacimiento – y muchos más.

El principal propósito de estos artículos es llamar la atención sobre las necesidades actuales y las de un futuro inmediato. Otra función es dar información sobre las enseñanzas de Maitreya, el Maestro de todos los Maestros, que está en Londres desde 1977 preparándose para Su misión como Instructor del Mundo para toda la humanidad. Esta nueva y ampliada edición contiene todos los 222 artículos de los primeros 22 volúmenes de Share International.

*2ª Edición 2020. ISBN Nº 84-89147-58-4 (Share Ediciones)*. (Traducción de la 3ª Edición Inglesa)

### Un Maestro Habla, Tomo II

La Humanidad está guiada, desde detrás de la escena, por un grupo de hombres altamente evolucionados e iluminados que nos han precedido en el sendero de la evolución. Estos Maestros de la Sabiduría, como son llamados, raramente aparecen abiertamente, sino que en general trabajan a través de Sus discípulos – hombres y mujeres que influencian a la sociedad a través de su trabajo en ciencia, educación, arte, política y cada esfera de la vida.

El artista británico Benjamin Creme era un discípulo de un Maestro con el cuál estaba en estrecho contacto telepático. Desde el lanzamiento en 1982 de la publicación de Share International, la revista de la cual Benjamin Creme era el editor fundador, su Maestro ha contribuido con una serie de artículos inspiradores sobre una amplia variedad de temas: La fraternidad del hombre, El fin de la guerra, Unidad en la diversidad, Salvar el planeta, Las ciudades del mañana, y muchos más.

El propósito de estos artículos es, en las propias palabras del Maestro, "presentar a los lectores de esta revista un retrato de la vida que está por delante, inspirar un enfoque positivo y feliz a ese futuro y equiparles con las herramientas de conocimiento con las que tratar correctamente los problemas que a diario surgen en el camino. Desde Mi situación de privilegio en experiencia y visión, he buscado actuar como 'vigilante' y guarda, para advertir del peligro cercano y permitirte a ti, el lector, actuar con valor y convicción en el servicio al Plan."

Un Maestro Habla, Tomo II, contiene todos los artículos publicados en la revista Share International de Enero de 2004 hasta Diciembre de 2016.

*1ª Edición 1995. ISBN Nº 84-89147-53-9 (Share Ediciones).* (Traducción de la 1ª Edición Inglesa)

### La Misión de Maitreya, Tomo I

El primer libro de una trilogía que describe con amplitud adicional el emerger de Maitreya. Este tomo puede considerarse como una guía para la humanidad mientras realiza su viaje evolutivo. Se cubre una amplia gama de temas, como: las nuevas enseñanzas del Cristo, meditación, karma, vida después de la muerte, curación, transformación social, iniciación, papel del servicio, y los Siete Rayos.

*2ª Edición 2020. ISBN Nº 84-89147-60-7 (Share Ediciones).* (Traducción de la 3ª Edición Inglesa)

### La Misión de Maitreya, Tomo II

Este volumen contiene una variada colección de las enseñanzas de Maitreya a través de Su colaborador, Sus muy precisas predicciones de acontecimientos mundiales, descripciones de Sus apariciones personales milagrosas, e información de fenómenos y señales relacionados. También contiene entrevistas únicas con el Maestro de Benjamin Creme sobre temas actuales. Tópicos relacionados con el futuro incluyen nuevas formas de gobierno, colegios sin muros, energía y pensamiento, la Tecnología de la Luz venidera, y el arte de la realización del Ser.

*2ª Edición 2020. ISBN Nº 84-89147-61-4 (Share Ediciones).* (Traducción de la 1ª Edición Inglesa)

### Las Enseñanzas de la Sabiduría Eterna

Una perspectiva general del legado espiritual de la humanidad, este libro es una introducción concisa y fácil de entender de las Enseñanzas de la Sabiduría Eterna. Explica los principios básicos del esoterismo, incluyendo: la fuente de la Enseñanza, el origen del hombre, el Plan de evolución, renacimiento y reencarnación, y la Ley de Causa y Efecto (karma). También incluye un glosario esotérico y una lista de lectura recomendada.

*2ª Edición 2020. ISBN Nº 978-84-89147-69-0 (Share Ediciones).* (Traducción de la 1ª Edición Inglesa)

### La Misión de Maitreya, Tomo III

Benjamin Creme presenta una visión convincente del futuro, con Maitreya y los Maestros ofreciendo abiertamente Su orientación e inspiración. Los tiempos venideros verán la paz establecida; el compartir de los recursos mundiales como norma; la conservación de nuestro medio ambiente como la máxima prioridad. Las ciudades del mundo se convertirán en centros de gran belleza. Creme también analiza a 10 famosos artistas – incluyendo a da Vinci, Miguel Angel y Rembrandt – desde una perspectiva espiritual.

*2ª Edición 2020. ISBN Nº 84-89147-62-1 (Share Ediciones),* 682 páginas. (Traducción de la 1ª Edición Inglesa)

### El Gran Acercamiento: Nueva Luz y Vida para la Humanidad

Aborda los problemas de nuestro mundo caótico y su cambio gradual bajo la influencia de Maitreya y los Maestros de Sabiduría. Cubre temas como compartir, EEUU en un dilema, conflictos étnicos, crimen, medio ambiente y contaminación, ingeniería genética, ciencia y religión; educación, salud y curación. Predice extraordinarios descubrimientos científicos venideros y muestra un mundo libre de guerra donde las necesidades de todas las personas son satisfechas.

Primera Parte: "La Vida Futura para la Humanidad"; Segunda Parte: "El Gran Acercamiento"; Tercera Parte: "La Llegada de una Nueva Luz".

*2ª Edición 2020. ISBN 84-89147-63-8 (Share Ediciones).* (Traducción de la 1ª Edición Inglesa)

### El Arte de la Cooperación

Trata de los problemas más acuciantes de nuestros tiempos, y sus soluciones, basándose en las Enseñanzas de la Sabiduría Eterna. Encerrados en la vieja competencia, intentamos solucionar los problemas utilizando métodos anticuados, mientras que la respuesta –la cooperación– yace en nuestras manos. El libro muestra el sendero hacia un mundo de justicia, libertad y paz a través de un creciente aprecio por la unidad que subyace toda vida.

Primera Parte: "El Arte de la Cooperación"; Segunda Parte: "El Problema del Espejismo"; Tercera Parte: "Unidad".

*2ª Edición 2020. ISBN 84-89147-64-5 (Share Ediciones).* (Traducción de la 1ª Edición Inglesa)

### Las Enseñanzas de Maitreya: Las Leyes de la Vida

Presenta las Leyes de la Vida, la visión directa, simple, no doctrinaria y profunda de Maitreya. Revelando la Ley del Karma, o Causa y Efecto, estas extraordinarias predicciones de sucesos mundiales fueron dadas por Maitreya entre 1988 y 1993, publicándose por primera vez en la revista *Share International*. Editadas por Benjamin Creme.

Pocas personas podrían leer estas páginas sin experimentar un cambio. Para algunos, los extraordinarios comentarios sobre temas de actualidad les serán de gran interés, mientras que para otros conocer los secretos de la realización del ser, la sencilla descripción de la verdad experimentada, será toda una revelación. Para las personas que busquen comprender las Leyes de la Vida, estas sutiles y profundas revelaciones les conducirán rápidamente hasta el centro de la vida misma, y les ofrecerán un simple sendero que conduce hasta la cumbre de la montaña. La unidad esencial de toda vida se desvela de un modo claro y significativo. Jamás las leyes según las que vivimos se han descrito de una forma tan natural y liberadora.

*2ª Edición 2020. ISBN 84-89147-65-2 (Share Ediciones).* (Traducción de la 1ª Edición Inglesa)

### El Arte de Vivir: Vivir dentro de las Leyes de la Vida

En la Primera Parte, Benjamin Creme describe la experiencia de vivir como una forma de arte, como la pintura o la música. Alcanzar un nivel elevado de expresión requiere tanto el conocimiento como el cumplimiento de ciertos principios fundamentales como la Ley de Causa y Efecto y la Ley del Renacimiento, todo descrito con detalle. La Segunda y Tercera Parte explican cómo podemos emerger de la niebla de la ilusión para convertirnos en un todo y una conciencia despierta de uno mismo.

Primera Parte: "El Arte de Vivir"; Segunda Parte: "Los Pares de Opuestos"; Tercera Parte: "Ilusión".

*2ª Edición 2020. ISBN 978-84-89147-66-9 (Share Ediciones)*, 272 páginas. (Traducción de la 1ª Edición Inglesa)

### Maitreya, el Instructor del Mundo para Toda la Humanidad

Presenta una perspectiva general del retorno al mundo cotidiano de Maitreya y Su grupo, los Maestro de Sabiduría; los enormes cambios que la presencia de Maitreya ha suscitado; y Sus recomendaciones para el futuro inmediato. Describe a Maitreya como un gran Avatar espiritual con un amor, sabiduría y poder inconmensurables; y también como un amigo y hermano de la humanidad que está aquí para liderarnos hacia la Nueva Era de Acuario.

*2ª Edición 2020, ISBN 978-84-89147-67-6 (Share Ediciones).* (Traducción de la 1ª Edición Inglesa)

### El Despertar de la Humanidad

Un libro asociado a El Instructor del Mundo para Toda la Humanidad, que resalta la naturaleza de Maitreya como la Personificación del Amor y la Sabiduría. Mientras que El Despertar de la Humanidad se centra en el día en que cual Maitreya se declarará a Sí mismo abiertamente como el Instructor del Mundo para la era de Acuario. Describe el proceso del emerger de Maitreya, los pasos que conducirán al Día de la Declaración, y la respuesta anticipada de la humanidad a este momento trascendental.

*2ª Edición 2020, ISBN 978-84-89147-68-3 (Share Ediciones).* (Traducción de la 1ª Edición Inglesa)

### La Agrupación de las Fuerzas de la Luz: Ovnis y Su Misión Espiritual

*La Agrupación de las Fuerzas de la Luz* es un libro sobre ovnis, pero con una diferencia. Está escrito por alguien que ha trabajado con ellos y tiene conocimiento desde dentro. Benjamin Creme ve la presencia de ovnis como planeada y de inmenso valor para las personas de la Tierra.

Según Benjamin Creme, los ovnis y las personas dentro de ellos están consagrados a una misión espiritual para aliviar la suerte de la humanidad y salvar a este planeta de una destrucción adicional y veloz. Nuestra propia Jerarquía planetaria, liderada por Maitreya, el Instructor del Mundo, que ahora vive entre nosotros, trabaja incansablemente con sus Hermanos del Espacio en un proyecto fraternal para restablecer la cordura en esta Tierra.

Los temas tratados en este libro incluyen: el trabajo de los Hermanos del Espacio en la Tierra; George Adamski; círculos de las cosechas; la nueva Tecnología de la Luz; el trabajo de Benjamin Creme con los Hermanos del Espacio; los peligros de la radiación nuclear; salvar el planeta; la 'estrella' que anuncia el emerger de Maitreya; la primera entrevista de Maitreya; educación en la Nueva Era; intuición y creatividad; familia y karma.

Primera Parte: "Ovnis y Su Misión Espiritual"; Segunda Parte: "Educación en la Nueva Era"

*2ª Edición 2020. ISBN 978-84-89147-70-6 (Share Ediciones).* (Traducción de la 1ª Edición Inglesa)

### Unidad en la Diversidad: el Camino Adelante para la Humanidad

Necesitamos una visión nueva y esperanzadora para el futuro. Este libro presenta tal visión: un futuro que abarca un mundo en paz, armonía y unidad, mientras que la cualidad y el enfoque de cada individuo son bienvenidos y necesarios. Es visionario, pero expresado con una lógica convincente e irresistible.

*Unidad en la Diversidad: El Camino Adelante para la Humanidad* incumbe al futuro de cada hombre, mujer y niño. Trata del futuro de la misma Tierra. La humanidad, indica Creme, está en una encrucijada y tiene que tomar una gran decisión: seguir hacia adelante y crear una nueva y brillante civilización en la cual todos son libres y la justicia social reina, o continuar como estamos, divididos y compitiendo, y presenciar el fin de la vida en el planeta Tierra.

Creme escribe para la Jerarquía Espiritual en la Tierra, cuyo Plan para la mejora de toda la humanidad presenta. Él muestra que el sendero hacia adelante para todos nosotros es la realización de nuestra unidad esencial sin el sacrificio de nuestra igualmente diversidad esencial.

*2ª Edición 2020. ISBN 978-84-89147-71-3 (Share Ediciones).* (Traducción de la 1ª Edición Inglesa)

Los libros de Benjamin Creme han sido traducidos del inglés y publicados en alemán, castellano, francés, holandés y japonés por grupos que han respondido a este mensaje. Algunos de estos libros también han sido traducidos al chino, croata, esloveno, finlandés, griego, hebreo, italiano, portugués, rumano, ruso y sueco. Están proyectadas más traducciones. Estos libros están disponibles en librerías locales como también online.

## Revista Share International

Una revista única que publica cada mes: información actualizada sobre la reaparición de Maitreya, el Instructor del Mundo; un artículo de un Maestro de Sabiduría; ampliación de la enseñanza esotérica; respuestas de Benjamin Creme a una variedad de preguntas de actualidad y esotéricas; artículos y entrevistas con personas a la vanguardia del cambio progresista del mundo; noticias de agencias de la ONU e informes de progresos positivos en la transformación de nuestro mundo.

*Share International* reúne las dos líneas más importantes del pensamiento de la Nueva Era: el político y el espiritual. Muestra la síntesis que sirve de base a los cambios políticos, sociales, económicos y espirituales que están ocurriendo actualmente a escala global, y busca estimular acciones prácticas para reconstruir nuestro mundo con unas bases más justas y compasivas.

*Share International* cubre noticias, sucesos y comentarios relacionados con las prioridades de Maitreya: un suministro adecuado de alimentos apropiados, vivienda y cobijo adecuados para todos, sanidad como un derecho universal, el mantenimiento de un equilibrio ecológico en el mundo.

*Share International* se publica en inglés. Existen también versiones en alemán, esloveno, francés, holandés y japonés.

Para más información:

**www.share-es.org**